MERIAN *live!*

KOS

Diesen Reiseführer schrieb die Griechenland-Expertin **Ellen Katja Jaeckel**. Auf Kos begann 1987 ihre bis heute andauernde Reise durch Hellas mit langen Stationen auf dem Festland und den Inseln.

Familientipps

Barrierefreie Unterkünfte

Umweltbewusst Reisen

FotoTipp

Ziele in der Umgebung

Faltkarte

Preise für ein Doppelzimmer mit Frühstück:

€€€€ ab 130 €
€€€ ab 100 €
€€ ab 60 €
€ bis 60 €

Preise für ein dreigängiges Menü ohne Getränke:

€€€€ ab 50 €
€€€ ab 25 €
€€ ab 15 €
€ bis 15 €

INHALT

◂ Zur Kapelle Ágios Theologos (▸ S. 90) sind es rund zwei Stunden Fußmarsch.

Unterwegs auf Kos 38

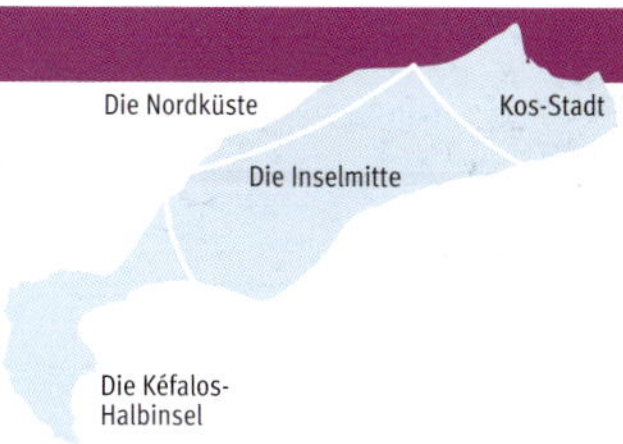

Touren und Ausflüge 94

Wissenswertes über Kos 106

Karten und Pläne

Willkommen auf Kos

Inselglück pur, tiefblauer Himmel, Berge und Meer satt. Doch die Insel hat mehr zu bieten als Natur. Das wussten auch die zahlreichen Eroberer, die ihre Spuren zurückließen.

Ein Mittag im August im Díkeos-Gebirge. Die Hitze dampft wie der Atem eines Hundes, die Grillen kreischen, und die Pinien knistern, die Zapfen platzen auf den mit Nadeln übersäten Boden und werden vom Meltémi-Wind über die Phrygána geblasen. Jeder Schritt knackt auf dem Boden, die Spritzgurken schleudern ihren Saft durch die Natur, die Kaper steckt in voller Blüte, die Insekten summen. Die Natur spricht auch in der Einsamkeit ihre eigene Sprache, im August schreit sie geradezu. Ein Bild steigt vor mir auf: In Werner Herzogs erstem Film »Lebenszeichen« wird der Held wahnsinnig über dieser Hitze und dem Wind; Hunderte von Windmühlen flirren über die Leinwand. Der Schwarz-Weiß-Film von 1968 ist eine große Hommage an die Insel Kos, wo Herzogs Großvater sechs Jahrzehnte zuvor das Asklepieíon, die größte Heilstätte der Antike, ausgegraben hatte.

Kos ist Levante

Heute sind die Windmühlen Ruinen oder ganz verschwunden, aber die vom jungen Regisseur eingefangene Stimmung ist immer noch da. Man muss sich nur ein wenig abseits vom Sommertrubel bewegen und stellt schnell fest: Die Insel Kos ist Levante, ein paar Seemeilen nur von der tür-

◂ Ein Stück Bilderbuchgriechenland im Bergdorf Ziá (▸ S. 80).

kischen Westküste entfernt, ein üppiger Garten, in dem der Hibiskus, Oleander und die Bougainvillea in den intensivsten Farben leuchten und der Mensch seit Jahrtausenden den kargen Böden die Nahrung abringt: Trauben, Kräuter, Olivenöl, Melonen und Tomaten gehören zu den wichtigsten koischen Erzeugnissen. Was außerdem wenig bekannt ist: Die Stadt Kos ist dank der Neubauten der italienischen Besatzungszeit ein Augenschmaus für Liebhaber der Architektur der Moderne.

Ausgezeichnete Infrastruktur

Schade nur, dass all dies auch Griechenlandkennern so wenig bekannt ist, denn seit den 1980er-Jahren vermarkten die Touristiker vor allem eines: Sonne satt und kilometerlange, leicht zugängliche Strände, und ein Ende ist nicht in Sicht. Dabei zeichnet sich in ganz Griechenland vor allem ein Trend zu mittelgroßen Zielen ab, zu den beiden so weit voneinander entfernten, im Anlaut gleich klingenden Inseln Kos und Korfu. Warum das so ist? Beide Inseln bieten Urlaubern eine hervorragende touristische Infrastruktur, werden von zahlreichen mitteleuropäischen Flughäfen direkt angeflogen und sind in ihrer Größe überschaubar, die Wege kurz. Kos bietet sogar noch ein wenig mehr Schön-Wettergarantie als die etwas größere Schwester im Ionischen Meer. Für einen einwöchigen, erholsamen Strandurlaub ist Kos ebenso perfekt wie für den sportlichen Aktivurlauber sowie als Ausgangspunkt zum Inselhüpfen im östlichen Dodekanes: Die griechischen Inseln Leros, Pserimos, Kálymnos, Patmos, Nisyros, Tilos und Rhodos sind schnell und unkompliziert erreichbar, und Tagesausflüge ins türkische Bodrum gehören quasi zum Pflichtprogramm der Kos-Urlauber. Langeweile kommt da gar nicht erst auf.

Internationales Flair

Ebenso erstaunlich ist die kulturelle und geschichtliche Vielfalt des kleinen, nur 290 qkm umfassenden Eilands, dessen Silhouette, auf den Kopf gestellt, der eines Wals ähnelt: Aufgrund ihrer strategisch wichtigen Position war die Insel von zahlreichen Völkern und Kulturen geprägt, von Hellenen, Römern, Byzantinern, Kreuzfahrern, Osmanen, Italienern, Briten und Griechen. Die ältesten Koer hatten in ihrem Leben schon vier Staatsangehörigkeiten, ohne die Insel zu verlassen.

Viele von ihnen haben darüber hinaus Erfahrungen in der Fremde gesammelt. Migration prägt die Insel bis heute: Noch in der zweiten Hälfte des 20. Jahrhunderts sind zahlreiche Koer aufgrund von Armut nach Australien und Amerika ausgewandert, und längst nicht alle sind zurückgekehrt. Viele von ihnen haben sich nach Jahren der Entbehrung eine neue Existenz im Tourismus in der Heimat aufgebaut, ein kleines Hotel oder ein Restaurant. Bei ihrer Rückkehr brachten sie eine gewisse kosmopolitische Weltläufigkeit, Sprachkenntnisse und die Erfahrung mit, was es heißt, ein Ausländer zu sein. Das kommt ihnen heute täglich im Umgang mit dem »xenos«, was im Griechischen der Fremde, aber auch der Gast bedeutet, zugute. Willkommen auf Kos!

MERIAN TopTen

MERIAN zeigt Ihnen die Höhepunkte der Stadt: Das sollten Sie sich bei Ihrem Besuch auf Kos nicht entgehen lassen.

Die wechselvolle Geschichte der Insel am Schnittpunkt zweier Kontinente und an jahrtausendealten Handelsrouten und Pilgerwegen ist auch heute noch auf Schritt und Tritt zu spüren. Ganz abgesehen vom Hauptgrund, weswegen die meisten Urlauber nach Kos reisen: die vielen traumhaften Strände der Insel, die teilweise recht versteckt liegen. Da fällt die Auswahl schwer – MERIAN hilft Ihnen bei der ersten Orientierung

MERIAN TopTen 360°

Damit Sie sich vor Ort schneller orientieren können, finden Sie zu ausgewählten MERIAN TopTen auf den folgenden Seiten Umgebungskarten mit Restaurant-, Einkaufsempfehlungen und Tipps für weitere Sehenswürdigkeiten.

1 Italienische Bauten
Nach dem Erdbeben von 1933 erlebte Kos-Stadt seine architektonische Glanzzeit (▸ S. 42).

2 Kastell Neratzia
Die mächtige Johanniterfestung dominiert die Silhouette von Kos-Stadt (▸ S. 43).

3 Westliches Ausgrabungsgelände, Kos-Stadt
Das Areal kündet vom Bauboom aus fünf Jahrhunderten (▸ S. 46).

4 Asklepieíon
Berühmte Heil- und Kurstätte der antiken Welt, umgeben von Zypressen und Kiefern (▸ S. 54).

5 Ritterburg von Andimáchia
Die Natur nimmt allmählich Beschlag von der im Mittelalter errichteten Festung (▸ S. 72).

6 Paléo Pilí
In herrlicher Lage mit Inselweitblick liegen die Ruinen einer byzantinischen Burg (▸ S. 79).

7 Kéfalos-Halbinsel
Ursprüngliche Buchten und Zeugen aus der Vergangenheit machen den Charme der Halbinsel aus (▸ S. 83).

8 Strände östlich von Kamári
Kilometerlanger grobkörniger Sandstrand ohne störende Hotelbauten (▸ S. 87).

9 Kálymnos
Die klassizistische Chóra zeugt vom einstigen Wohlstand der Schwammtaucherinsel (▸ S. 100).

10 Bodrum
In Halikarnassós, dem heutigen Bodrum, stand einst eines der sieben Weltwunder (▸ S. 104).

360° Mandráki-Hafen, Kos-Stadt

MERIAN TopTen

1 Italienische Bauten

Die Grundschule am Dolphin Square, das Archäologische Museum, die Casa del Fascio, die Markthalle und das Hippokrates-Krankenhaus sind herrliche Beispiele für die verspielte Architektur während der italienischen Besatzungszeit. Das »Prachtexemplar« der italienischen Bauten ist der Gouverneurspalast, dessen »Schokoladenseite« dem Meer zugewandt ist. Wer sich für die Innenarchitektur interessiert, kehrt im dortigen Kaffeehaus ein (▸ S. 42).

2 Kastell Neratzia

Hier kontrollierte man die Meeresenge zwischen Kos und der kleinasiatischen Küste. In den späten Nachmittagsstunden ist das Licht am schönsten (▸ S. 43).

SEHENSWERTES

1 Platane des Hippokrates

Stark mitgenommen ist mittlerweile Griechenlands berühm-

tester Baum! Ob der bekannteste Arzt der Antike selbst in seinem Schatten rastete, ist allerdings mehr als fraglich (▸ S. 46).
Plateía Platanoú

ESSEN UND TRINKEN

2 Cafe Neratzia
Mit Blick auf den schönen Platz lässt es sich selbst an einem heißen Sommernachmittag im Schatten unter Bäumen gut aushalten (▸ S. 51).
Plateía Platanoú

3 Evdokía
Unermüdlich brutzelt Mama Evdokía an Herd und Holzkohlegrill. Ihre persönliche Empfehlung ist Moussaká (▸ S. 51).
Bouboulínas 13

4 Flamingo
Hier haben Sie alles im Blick: die Hafenpromenade, die Ausflugsboote und das Kastell. Perfekt für einen Drink oder ein stilvolles Abendessen (▸ S. 51).
Akti Kountourioti

360° Westliches Ausgrabungsgelände

MERIAN TopTen

3 Westliches Ausgrabungsgelände

Vom Bauboom aus fünf Jahrhunderten – vom Hellenismus bis in die späte Römerzeit – kündet das große Areal mit Nymphäon, Gymnasion und Thermen (▸ S. 46).

SEHENSWERTES

1 Friedhofskirche Ágios Ioánnis und Katholische Kirche

Beide Kirchen sind im Inneren kreisrund: die katholische Agnus-Dei-Kirche stammt aus der italienischen Besatzungszeit, in der orthodoxen Friedhofskirche des Hl. Johannes gleich dahinter wurden antike Spolien verbaut (▸ S. 48).

Odós Anápafsos

2 Odéon

Aus dem 2. Jh. n. Chr. stammt diese politische Versammlungsstätte, die einst überdacht war und auch als Konzerthalle genutzt wurde (▸ S. 47).

Odós Grigoríou E.

ESSEN UND TRINKEN

3 Elia
Leckere Mezedes wie santorinisches Erbsenpüree oder gefüllte Paprika und Gegrilltes (▸ S. 51).
Apélou 27

4 Petrino
In dem alten Steinhaus speist man stilvoll drinnen ebenso wie im herrlichen Garten. Ausgezeichnete Weinkarte, frischer Fisch und hervorragender Service (▸ S. 50).
Platía Ioánnou Theológou

EINKAUFEN

5 Olive Wood
Kaum zu glauben, wie viele schöne und nützliche Dinge man aus dem Holz des Olivenbaums herstellen und hier kaufen kann (▸ S. 52).
Apélou 13

6 Polykentro N. Thalassinou
Größte Buchhandlung von Kos mit Spielzeugabteilung und Papeterie (▸ S. 52).
Ecke Korytsas/Argyrokastrou

360° Kéfalos-Halbinsel

MERIAN TopTen

7 Kéfalos-Halbinsel

Kos fernab des Massentourismus: Die ursprünglich gebliebene Halbinsel im Südwesten lädt ein zum Wandern, Surfen und Genießen (▸ S. 83).

8 Strände östlich von Kamári

Wie Perlen an der Schnur reiht sich Sandstrand an Sandstrand, mal fein-, mal grobkörnig, immer entspannend (▸ S. 87).

Zwischen Kamári und Kap Chelónas

SEHENSWERTES

1 Ágios Ioánnis Thymianós

Vom Duft der Kräuter und der Seebrise berauscht, fiel den Mönchen des ehemaligen Klosters die Einsamkeit vielleicht nicht allzu schwer (▸ S. 90).

6,5 km südl. von Kéfalos

2 Ágios Stéfanos

Die Ruinen der spätchristlichen Basilika bieten die perfekte Fotokulisse am Eingang der Traumbucht von Kamári (▸ S. 84).

ESSEN UND TRINKEN

3 **Fischtaverne Limniónas**
Eines der besten Fischlokale der Insel mit vielen einheimischen Gästen. Der Besuch lässt sich mit einem herrlichen Strandtag verbinden (▸ S. 92).
Bucht von Limniónas

EINKAUFEN

4 **Thymianhonig**
Das kräftige Aroma verdankt das Naturprodukt dem wild wachsenden Thymian, der in der Macchia von Kéfalos ideale Bedingungen vorfindet (▸ S. 89).
Verkaufsstand der Familie Papavasilíou ca. 5 Fahrminuten vor dem Strand von Ágios Theológos

AM ABEND

5 **Ágios Theológos**
Kléftiko oder Fisch, beides mundet herrlich zum Sonnenuntergang mit Ausblick auf die Weite der Ägäis (▸ MERIAN Tipp, S. 19).
ca. 1 km hinter der gleichnamigen Kapelle

360° Bodrum

MERIAN TopTen

10 Bodrum
Die Kreuzritter errichteten hier eine der schönsten Burgen im östlichen Mittelmeer. Von ihren zinnenbekrönten Wehrmauern bietet sich ein herrlicher Blick über die Häuser der Stadt und die beiden Hafenbecken. Bei einem Rundgang durch die lebendige Stadt kostet man die exzellente türkische Küche und schaut sicher im ein oder anderen Laden vorbei (▸ S. 104).

SEHENSWERTES

1 Mausoleum
In Halikarnassos, dem heutigen Bodrum, stand eines der sieben Weltwunder der Antike: das riesige Grabmal des Mausollos, das allen später errichteten Gräbern größeren Ausmaßes seinen Namen gab (▸ S. 105).
Tepecik Mh.

2 Unterwassermuseum
Eines der größten Museen seiner Art weltweit. Herausragend

ist das Segelschiff von Uluburun, ein Wrack mit Frachtgütern aus dem östlichen Mittelmeer, das auf die späte Bronzezeit (14. Jh. v. Chr.) datiert werden konnte (▸ S. 104).
Çarşi Içi

ESSEN UND TRINKEN

3 Balıkçilar Derneği Kahvesi
Das Café der Kooperation der Fischer gleich neben dem Kastell ist der Treffpunkt der Bodrumer und zu jeder Tageszeit gut besucht (▸ S. 105).

4 Sakalli Restaurant
Täglich frische, auch vegetarische und vegane Hausmannskost (▸ S. 105).
Çarşi Içi

EINKAUFEN

5 Wochenmarkt
In der überdeckten Obst- und Gemüsehalle werden auch Käse- und Olivenspezialitäten sowie Gewürze feilgeboten (▸ S. 105).
An der zentralen Busstation, jeden Do und Fr bis zum Nachmittag

MERIAN Tipps

Mit MERIAN mehr erleben. Nehmen Sie teil am Leben der Insel und entdecken Sie Kos, wie es nur Einheimische kennen.

1 Orea Ellas

E 3

Die Belgierin Christina Zentéli-Colman führt vor, was ihr »schönes Griechenland« ist: eine kleine Galerie mit eigenen Bildern, ein üppig blühender Garten und vor allem eine fantastische Aussicht. Die drei Ferienwohnungen sind mit viel Liebe zum Detail eingerichtet, ideal für Individualtouristen und schnell ausgebucht.

Lagoúdi, unterhalb der Kirche • Tel. 2 24 20-6 90 04 • www.fewo-direkt.de/ferienwohnung-ferienhaus/p2021658 • Mindestaufenthalt 3 Nächte, ganzjährig geöffnet • €€

2 Mantzounia: Der Duft der Kräuter

▸ Klappe hinten, c 4

Griechische Bergkräuter, Gewürze, Meersalz, besondere Öle und erstklassige Essige kleiner griechischer Erzeuger: Damit hat ein junges Ehepaar 2014 den Schritt in die Selbständigkeit gewagt und mit viel Kompetenz, Enthusiasmus und ästhetischem Gespür einen kleinen Bioladen in Kos-Stadt eröffnet. Schnuppern ist ausdrücklich erwünscht!

Kos-Stadt, Filitá 7

3 Ein Rundtrip mit der »Eva«

▸ Klappe hinten, c 3

»Eva«, gesprochen éwa, ist keine schöne Frau, sondern ein schönes Segelschiff aus einer rhodischen Werft. Einst war es als motorloses Schwammschiff im Mittelmeer unterwegs, heute befördert die alte Dame Touristen vom Mandráki-Hafen in die Buchten von Kos, Psérimos und Kálymnos. Die Mannschaft grillt an Bord Souvláki, Schwertfisch und bereitet Salate zu. Wenn der Wind in die Segel bläst, ist das Erlebnis unvergesslich. Gegen Seekrankheit sollte man allerdings gewappnet sein.

Am Vorabend kann man sich bei einem Bummel am Mandráki-Hafen in Kos-Stadt ein umfassendes Bild von den Angeboten der einzelnen Ausflugsboote machen, diese inspizieren und gleich vor Ort buchen. Das ist günstiger als bei den Agenturen oder an der Hotelrezeption.

Kos-Stadt, Mandráki-Hafen

4 Special

▸ Klappe hinten, c 5

Diese Konditorei ist wirklich etwas Besonderes. Alles, was junge und alte Schleckermäuler verführen könnte, ist hier auf engstem Raum zu finden: eisgekühlte Torten, in Sirup getränkte Blechkuchen, orientalisches Honiggebäck wie Baklavá oder Kataífi, Pralinen, Eclairs, Löffelsüßigkeit im Glas, Kekse, süße und herzhafte Pites für den schnellen Hunger und vor allem ein sagenhaftes Eis! In knuspriger Waffel serviert, probiere man die Sorten Mastícha, das seine Würze aus der Mastixbeere bezieht, Crème brulée, Orange-

Joghurt oder Bitterschokolade. Schieben Sie den Besuch bei Special nicht bis zum letzten Urlaubstag auf, Sie würden es unter Garantie bereuen.

Kos-Stadt, die beste Auswahl gibt es in der Filiale Ecke E. Venizelou/Vas. Pavlou 23, weitere Filialen: Antoni Ioannidi 3, M. Alexándrou 9 und Vas. Georgíou 7

5 L.A.B.

▸ Klappe hinten, b 4

Die Abkürzung steht für »Live Art Bar und Café«. Mit viel Verve und Charme hat Anastasia Chatzikalymniou im Herbst 2014 eine Bar eröffnet, die sich schnell zum neuen Szenetreff entwickelte. Hier kann man tagsüber Zeitung lesen sowie freitags und samstags mit ein wenig Glück die sympathische Inhaberin selbst auf der Bühne als Sängerin erleben. Montags verwandelt sich das Lokal in eine Pianobar.

Kos-Stadt, Kolokotróni & Filitá • tgl. ab 10 Uhr bis spät in die Nacht • €

6 Ein Abend im Kastell oder an antiker Stätte

Zu den schönsten Sommererlebnissen in Griechenland gehören Theater-, Tanz- und Musikveranstaltungen unter dem Sternenhimmel. Das kann ein antikes Stück sein, dessen Tragik sich auch dem Fremden mitteilt, der dem Schauspiel nicht inhaltlich folgen kann, ein Konzert einer griechischen Sängerin, die im Sommer von Insel zu Insel reist und deren Lieder jeder griechische Zuhörer kennt, moderner Tanz vor den dicken Mauern des Johanniter-Kastells oder die langsame, würdevolle Deklamation des hippokratischen Eides auf Altgriechisch im Asklepieíon. Erlebnisse, an die man noch lange gerne zurückdenkt.

u. a. Kos-Stadt, Hippokrates-Festival • Juli–Sept.

7 Ein Besuch in Platáni F 2

Kurz vor dem Asklepieíon liegt das Dorf Platáni, das heute schon fast mit Kos-Stadt zusammengewachsen ist. Hier leben viele türkischstämmige Koer, Nachfahren der einstigen osmanischen Herrscher. Um die 1500 sind es auf der ganzen Insel, so genau weiß es keiner, denn die griechischen Volkszählungen berücksichtigen weder Religion noch Nationalität. Sie sprechen Türkisch und Griechisch, ihre Kinder besuchen die griechische Schule, und sie sind griechische Staatsbürger muslimischen Glaubens. An dem kleinen Platz, zugleich Kreuzung

aller Straßen in Platáni, liegen mehrere ausgezeichnete und bekannte Restaurants, in denen man die türkische Küche genießen kann, z.B. das Arap oder auch die Konditorei Paradiso. Im Dorf gibt es gleich zwei große muslimische sehenswerte Friedhöfe. Die älteren Gräber zieren noch die arabischen Schriftzeichen.
3 km westl. von Kos-Stadt

8 Aplo Beach Bar, Mastichári C 3

Dies ist der perfekte Ort, um mit einem frisch gepressten Orangensaft in den Tag zu starten, am Nachmittag einen guten Kaffee zu genießen und den Abend mit einem Sundowner zu beschließen – immer mit Blick aufs Meer. Die holländische Besitzerin hat mit viel Geschmack, aber »einfach« (»apló«) die Einrichtung der sympathischen Bar bestimmt. Ihr griechischer Gatte Giorgos sorgt für gute Stimmung, wenn an Samstagabenden Musik gespielt wird.
Mastichári, am Strandweg vor dem Hotel EuroVillage • Tel. 2 24 20-5 93 18 • tgl. ab 10 Uhr bis die letzten Gäste gehen • €

9 Restaurant Ágios Theológos A 5

Gegrillter Oktopus oder Kléftiko von Ziege oder Lamm, vorab eine kleine Karaffe Oúzo mit Eiswürfeln und gratis dazu der Blick auf die glitzernden Wellen, in denen Surfer und Kiter ihre Kunststücke vorführen. Ein Ort zum Staunen und Genießen, bis die rote Sonne im Meer versinkt. Vorsicht: Nur sehr geübte Schwimmer sollten sich an dieser Stelle weiter ins Meer hin-

auswagen, die Risiken gefährlicher Strömungen werden leicht unterschätzt.
Hinter Kéfalos fährt man auf der Straße Richtung Ágios Ioánnis und biegt nach ca. 2 km an der Kreuzung mit dem Brunnen rechts ab zum Kies- und Sandstrand von Ágios Theológos • Tel. 69 74 50 35 56 • April–Okt. tgl. ab 10 Uhr • €€

10 Einsamkeit am Kap Kata A 5

Wer einmal abseits der Urlauberströme baden möchte, dem sei ein Ausflug an die einsame Westküste der Insel empfohlen. Rund um das Kap Kata erwartet den Besucher ein dünenbesetzter Sandstrand, an den sich auch im Sommer nur wenige Urlauber verirren. Er ist die ideale Rückzugsmöglichkeit für Naturliebhaber. Allerdings benötigt man einen motorisierten Untersatz, bevorzugt ein geländegängiges Fahrzeug mit Allradantrieb, um in diese abgelegene Gegend zu gelangen. Essen und Getränke sollte man natürlich auch dabeihaben.

Das Asklepieíon von Kos (▶ MERIAN TopTen, S. 54) war ursprünglich eine dem Heilgott Asklepios geweite Kultstätte, die sich erst später zum Therapiezentrum und Sanatorium entwickelte.

Zu Gast auf **Kos**

Es gibt auf Kos Resorts mit allen Schikanen. Griechischer und damit authentischer wohnt man aber in den vielen privat geführten Häusern, wo man mit den Einheimischen in Kontakt kommt.

Übernachten

Entspannung pur: Urige Studios mit Familienanschluss, urbane Eleganz und beliebte Strandhotels. Hier findet jeder etwas nach seinem Geschmack.

◂ Das Aqua Blu Boutique Hotel & Spa (▸ S. 61) in Lámbi ist der Star unter den Designhotels an der Nordküste.

Mit weit über 60 000 Betten gehört Kos zu den wichtigsten touristischen Destinationen Griechenlands. Ob Familienpension, Strandhotel, Ferienapartment, Bed & Breakfast oder gepflegte Bungalowanlage – auf Kos ist ganz sicher für jeden Geschmack und jedes Portemonnaie die passende Unterkunft dabei. Die meisten Unterkünfte befinden sich in Kos-Stadt und der näheren Umgebung, die größten **Strandhotels** an der Nordküste in Tigáki, Mastichári und Marmári. Die Kéfalos-Halbinsel im äußersten Westen bietet sich für einen entspannten, erholsamen Urlaub mit vielen schönen Buchten an.
Wer den lokalen Tourismus unterstützen und gleichzeitig mehr von Land und Leuten erleben möchte, verzichtet auf aggressive All-Inclusive-Angebote, an denen vor allem die Agenturen und nicht die lokalen Anbieter verdienen.
Am authentischsten wohnt man in privat geführten Häusern, die Zimmer (»domátia«) und Apartments (»diamerísmata«) für Einzelreisende und ganze Familien mit einem oder mehreren Schlafzimmern, Klimaanlage, WLAN-Anschluss und häufig voll ausgestatteter Küche für die Selbstversorgung anbieten. Beim Internetportal www.booking.com findet man viele Angebote mit ausführlichen Beschreibungen und Fotos.

Nicht nur im Hochsommer!

Trotz des milden Winters bleibt Kos ein Sommerziel, in der Hochsaison sollte die Unterkunft daher frühzeitig gebucht werden. Die meisten Unterkünfte sind in den Wintermonaten (1. Nov. bis 31. März) geschlossen, dann fällt auch der meiste Regen. In dieser Zeit bereiten sich die Betreiber auf die nächste Saison vor, führen Reparaturarbeiten durch und verbringen auch gerne mehrere Wochen auf dem Festland in Athen.
Die wenigen offenen Hotels, die vorwiegend in Kos-Stadt angesiedelt sind, bieten im Winter deutlich günstigere Preise, aber auch in der Nebensaison lohnt es sich, nach Rabatten zu fragen.

1 MERIAN Tipp

OREA ELLAS E3

Die drei Ferienwohnungen in Lagoúdi sind mit viel Liebe zum Detail eingerichtet, ein idealer Aufenthaltsort für Individualtouristen. Schnell ausgebucht. ▸ S. 16

Die griechische Fremdenverkehrszentrale **E.O.T.** (www.visitgreece.gr) klassifiziert alle Unterkünfte in Kategorien von Luxus über A, B, C, D bis E (einfache Ausstattung) und überwacht die Preise. Rückschlüsse auf Sauberkeit, Freundlichkeit des Personals und Lage lassen sich daraus allerdings nicht ziehen. Im Übernachtungspreis sind Mehrwertsteuer und Service enthalten – das Zimmermädchen freut sich dennoch über ein Trinkgeld.

Empfehlenswerte Hotels und andere Unterkünfte finden Sie bei den Orten im Kapitel ▸ **Unterwegs auf Kos**.

Preise für ein Doppelzimmer mit Frühstück:

€€€€	ab 130 €	€€€	ab 100 €
€€	ab 60 €	€	bis 60 €

Essen und Trinken

Kleine Teller und die Vielfalt am Tisch: In Griechenland ist jedes Mahl ein Fest in der Geselligkeit. Natürlich unter freiem Himmel und mit einem Glas Wein.

◂ Die koische Küche verarbeitet regionale Erzeugnisse und besticht durch ihre unverfälschten Aromen.

Um es gleich vorwegzunehmen: Authentische griechische Küche erhält man weder im Rahmen von Pauschalarrangements noch in jenen Restaurants, die in fünf Sprachen und mit knallbunten Fotos fetttriefender Fleischberge um den arglosen Touristen buhlen.
So mancher Kritiker wirft der griechischen Küche Mangel an Fantasie und Finesse vor. Tatsächlich handelt es sich um eine einfache, bäuerliche Zubereitungsart, rein in der Substanz und ehrlich im Geschmack: Die Tomate schmeckt hier unverfälscht nach Tomate, die Zwiebel nach Zwiebel, wozu sie also verwandeln? Dass die optimale Reinheit der Substanz, die aromatische Dichte der Kräuter und die konzentrierte Fruchtreife nur unter herbem Geschmacksverlust ins Ausland exportierbar sind, mag ein Grund für den kolossalen Qualitätsunterschied zwischen griechischer Küche im Ausland und Inland sein. Die griechische Sonne lässt die Geschmacksnerven jubeln. Dazu müssen Sie sich nur in eine der einfachen Tavernen begeben, wo die Einheimischen einkehren.

Das griechische Gastmahl

Zu Beginn des griechischen Gastmahls werden kleine Teller verteilt, um möglichst viele Vor- und Hauptspeisen, die in der Mitte platziert werden, gemeinsam zu kosten. Kein Grieche bestellt ein Gericht für sich allein. Die griechische Mahlzeit ist niemals Selbstzweck, sie wird immer geteilt: Allein essen wird als ebenso schlimm empfunden wie allein trinken. Für den Fremden in größerer Runde ist dies die beste Möglichkeit, die Vielfalt der griechischen Küche kennenzulernen.

Typische Lokale

Tavernen, Mezedopoleía (die griechische Variante der Tapas-Bar), Ouzerie, Oinomajeiria (Hausmannskost mit eigenem Wein), Psistariés (Grillrestaurants) und Psarotavérnes (Fischtavernen) … die Bezeichnungen für griechische Estiatória (Restaurants) sind vielfältig. In allen lässt sich das griechische Mahl als Gesamtkunstwerk aus Speise, Trank und Geselligkeit zelebrieren. Das Wort würzt die Speise, Speise und Trank schärfen das Wort – so ist es seit Platons Zeiten.

Das Kräutergärtlein des Hippokrates

»Wen Kos nicht ernährt, ernährt Ägypten nimmermehr«, so sagt ein antikes Sprichwort. Im nur von wenigen Bergspitzen beherrschten fruchtbaren Hügelland und in üppigen Gärten gedeihen seit Jahrtausenden Kräuter, Gemüse und Obst. Schon Hippokrates hat den koischen Wein getrunken und im Schatten eines Olivenbaums seine diätischen Regeln weitergegeben.
Das Olivenöl ist bis heute die wichtigste Grundlage in der griechischen Küche, vor einem halben Jahrtausend trat auch die Tomate ihren Siegeszug an. Frühere Herrscher, Osmanen und zuletzt Italiener, haben gastronomische Spuren hinterlassen, und auch der Einfluss der nah gelegenen türkischen Küche ist spürbar: »Pastítsio« ist ein Hackfleisch-Nudel-Auflauf, »imám beildí« (»der weinende Imam«) ein sehr

schmackhaftes vegetarisches Gericht mit Auberginen. Entgegen allen Vorurteilen gibt es neben den typischen Fleischgerichten von Lamm und Ziege (z. B. »arní kokkinistó«, Lammragout, oder »paidákia«, gegrillte Lammkoteletts) auch viel Gemüse, z. B. »jemistá«, mit Reis und Kräutern gefüllte Paprika, Tomaten und Zucchini.

Fisch, gegrillt, mit Kräutern und Zitrone, mehr braucht man nicht zum Glück.

Hippokrates soll über 400 Gewürzkräuter für seine medizinischen Rezepte verwendet haben. Basilikum, Oregano, Dill, Fenchel, Krauseminze, Lorbeer, Salbei, Thymian, Kumin, Nelke und Rosmarin sind die am häufigsten verwendeten Kräuter. Gekocht werden Rote-Bete-Blätter, Rucola, Senfblätter und Wurzelspinat gerne als »chorta« angeboten, die man mit reichlich Zitrone und Olivenöl übergießt. Ein paar bissfeste Gurken, reife Tomaten, fleischige Oliven mit ein paar Stücken Feta, garniert mit Zwiebeln und ein wenig Oregano, ergeben »choriátiki«, den typischen Bauernsalat.

Käse schließt in Griechenland nicht den Magen, er wird eher als Aperitif gereicht. Eine koische Spezialität ist der mundige »krasotyri«, Weinkäse, nach seiner roten Farbe auch »kokkinotyri« genannt.

Nahrung aus dem Meer

Fangfrische größere Fische sind mittlerweile sehr teuer und werden nach Gewicht (40–60 €/kg) berechnet. Risotto mit Sepia, marinierte Sardellen, gegrillter oder in Essig marinierter Oktopus schmecken aber auch vorzüglich!

Den besten Nachtisch kauft man beim Konditor. Kosten Sie »galatoboúreko«, mit Grießcreme gefüllter Blätterteig, oder »loukoumádes«, ein hauchdünn in Honig gewälzter Krapfenteig. Dazu passt immer auch der griechische Mokka (mittelsüß, métrio) mit einem Glas frischen Wassers.

Zu Recht berühmt ist der fetthaltige griechische Joghurt, den man mit Honig und ein paar Walnussstückchen auch als sättigende Zwischenmahlzeit genießt. Rund 50 Imker auf Kos produzieren Thymian- und Pinienhonig, der sich auch als Mitbringsel eignet.

Wein: »sinnvoll und in rechtem Maße«

Seit der Antike ist Kos ein Weinanbaugebiet, und schon ihr berühmtester Sohn Hippokrates empfahl den Weingenuss »sinnvoll und in rechtem Maße« gegen Kopfschmerzen, Verdauungsstörungen, Ischiasschmerz und andere Gebrechen. Weiße Sorten aus den Assyrtiko-, Aidani und Athirireben dominieren und duften nach Zitrus. Die Winzer Hatziemmanouil in Asfendíou (www.hatziemmanouil.gr) und Triantafyllopoulos (www.inambelos.gr) haben sich auf trockene Weiß-, Rosé- und Rotweine spezialisiert, eine Weinverkostung ist in jedem Fall zu empfehlen. Meist wird jedoch in den Tavernen ein ehrlicher Hauswein (»krasí chíma«) getrunken, den man kiloweise und günstig bestellt. Der harzige Retsina ist aus der Mode gekommen und wird als Altmänner- und Touristengetränk gerne verspottet, heute werden trockene süffige Tropfen bevorzugt.

Otto sei Dank

Sie mögen lieber Bier zum Essen? Griechenland und Bayern verbindet eine lange Tradition: Im Gefolge des ersten Königs des jungen neugriechischen Staates, des Wittelbachers Otto, befand sich auch ein Münchner namens Fuchs, auf den die erste Brauerei Athens zurückgeht. Aus »Fuchs« wurde »Fix«, das heute neben »Amstel« und »Mythos« das beliebteste griechische Bier ist.

Für den kleinen Hunger zwischendurch bestelle man den allgegenwärtigen Oúzo me Mezé: eine kleine Karaffe Oúzo, der mit Wasser verdünnt und dadurch in der Farbe milchig wird, dazu ein paar Oliven, Sardellen, Käse, Wurst und Tomatenscheiben: Kalí óreksi – guten Appetit!

Empfehlenswerte Restaurants finden Sie bei den Orten im Kapitel ▸ **Unterwegs auf Kos.**

Preise für ein dreigängiges Menü:

€€€€	ab 50 €	€€€	ab 25 €
€€	ab 15 €	€	bis 15 €

Hatziemmanouil (▸ S. 27) im Norden von Kos keltert trockene Weine, die mit den schweren griechischen Tropfen von einst nichts mehr zu tun haben.

Einkaufen

Ikonen, Kräuter, Lederwaren, Nippes, Delikatessen: Die Gassen von Kos-Stadt laden zum ausgiebigen Bummel ein. Schmuck ist recht günstig zu haben.

◂ Olivenöl ist überall von guter Qualität und, hübsch und bruchsicher verpackt, ein ideales Mitbringsel.

Souvenirs werden überall auf der Insel an touristischen Anziehungspunkten angeboten, Ausgefalleneres vor allem im Bergdorf Pilí, wo sich Künstler aus aller Welt niedergelassen haben und Schmuck, Design und Keramik verkaufen. Auch das Bergdorf Ziá hat sich touristisch stark entwickelt und bietet viel Handwerk, Lederwaren und diverse Kräuter an.
Zur gemütlichen »vólta«, dem griechischen Bummel am Abend, laden die Straßen und die Hafenpromenade von Kos-Stadt ein, wo das Angebot am größten ist. Neben den obligatorischen Gipsköpfen von Hippokrates, Kitsch und T-Shirts mit mehr oder minder dummen Sprüchen, made in China, ist es allerdings nicht immer einfach, die Spreu vom Weizen zu trennen.

Nur für Herren

Für den Herrn bieten sich die »komboloi« als typisches griechisches Mitbringsel an: Perlenketten aus edlem Material wie Bernstein, Edelstein oder Koralle (oder auch aus Holz, Kunststoff und Glas), die griechische Männer spielerisch zwischen den Fingern hindurchgleiten lassen, wenn diese gerade keine Zigarette oder ein Mobiltelefon halten. Ursprünglich aus Indien oder China gekommen, wurden in der muslimischen Welt 99 Perlen für die 99 Namen Allahs aufgeschnürt. Während sich daraus in der katholischen Welt der Rosenkranz entwickelte, hat das »komboloi« heute in Griechenland keine religiöse Bedeutung mehr, ist vielmehr Seelentröster, Handschmeichler, Zeitvertreib, kurz: ein Begleiter in allen Lebenslagen.

2 MERIAN Tipp

MANTZOUNIA ▸ Klappe hinten, c 4

Bergkräuter, Gewürze, Meersalz, besondere Öle und Essige kleiner Erzeuger. In diesem kleinen Bioladen in Kos-Stadt ist Schnuppern ausdrücklich erwünscht! ▸ S. 16

Nektar und Ambrosia

Ein Spaziergang durch die Markthalle in Kos-Stadt ist ein Muss! Das Angebot wurde längst um Urlaubersouvenirs erweitert, freundliche und unaufdringliche Verkäuferinnen helfen bei der Auswahl. Nicht nur koische Spezialitäten wie der Inselwein, Olivenöl, Thymianhonig und in Zuckersirup eingekochtes Gemüse und Obst (»glykó koutalioú«, wörtlich: Löffelsüßigkeit) werden hier angeboten, sondern viele andere griechische Leckereien wie die Mandelmilch Soumáda aus Rhodos, Olivenpaste oder Mastix-Likör aus Chios. Die Markthalle ist wochentags bis 21 Uhr, samstags bis 17 und sonntags bis 14 Uhr geöffnet. Gezahlt wird an zentralen Kassen.
Feilschen ist übrigens nicht üblich. Es gibt keine einheitlichen Ladenschlusszeiten, im Allgemeinen gilt: Die Souvenirgeschäfte haben, vor allem im Sommer, bis spät in den Abend geöffnet, die übrigen Läden bis 14.30 Uhr, Di, Do und Fr außerdem von 17 bis 20 Uhr.

Empfehlenswerte Geschäfte und Märkte finden Sie bei den Orten im Kapitel ▸ **Unterwegs auf Kos.**

Sport und Strände

Flach abfallende, kinderfreundliche Strände, steile Bikertrails, Küsten für Segler und Surfer aller Leistungsklassen – hier findet jeder sein Urlaubsparadies.

◄ Die gebirgige Kéfalos-Halbinsel (► MERIAN TopTen, S. 83) ist ein ideales Terrain für Mountainbiker.

Viele Urlauber verbinden die Sommerferien mit Wassersport, und Kos bietet dafür ideale Voraussetzungen. Längst haben sich professionelle Anbieter für Sportausrüstung und Sportlehrer auf der Insel niedergelassen. Die meisten von ihnen kommen aus dem Ausland. Sie spüren in den Wintermonaten neue Trends auf, besuchen Fachmessen und bilden sich weiter. Spätestens im Mai ist es dann wieder so weit, und sie verlegen ihren Arbeitsplatz auf die Insel.
In der Szene hat sich Kos wegen des beständigen Windes vor allem als Kite- und Windsurfing-Eldorado einen Namen gemacht. Auch Segler kommen auf ihre Kosten. Ein Fahrrad zu mieten ist fast schon ein Muss auf Kos!
Wer am liebsten im Meer seine Runden dreht, für den bieten die zahlreichen Strände ausgezeichnete Wasserqualität und angenehme Temperaturen.

KITESURFEN

Kitesurfing Kos — C 3

Der Deutsche Joachim Schimpf hat sich in Mastichári auf Wassersport spezialisiert und bietet Einzelunterricht und Gruppenkurse auf allen Niveaus an.
Mastichári • Tel. 69 56 12 26 26 • www.kitesurfingkos.com

MOUNTAINBIKEN

Gute Mountainbikes sind an vielen Verleihstationen erhältlich. Eine schöne Route führt beispielsweise von Kardámena hinauf zum Kastell von Andimáchia.

RADFAHREN

13 km gut markierte Fahrradwege auf ebener Strecke – das ist in Griechenland eine Seltenheit! So nimmt es kein Wunder, dass Einheimische wie Touristen gerne auf das Auto verzichten und sich aufs Fahhrad schwingen.

Moto Harley — ► Klappe hinten, a 1

Das holländisch-griechische Paar Petra van der Wiede und Tákis Méntes führt ein großes Sortiment, auch an Kinderrädern. Bei der Planung von Touren sind sie gern behilflich und reparieren ggf. auch schnell die Räder. Ausgesprochen kinderfreundliches Unternehmen, sichere Ausrüstung und faire Preise. Neben den klassischen Drahteseln sind auch E-Bikes, Quads, Scooter, Trikes sowie Kinderanhänger und Kindersitze im Angebot. Zweigstellen in Lámbi und Psalídi.
Kos-Stadt, Odos Kanári 42 • Tel. 2 24 20-2 76 93 • www.moto-harley.nl

REITEN

Alpha Horse — E 3

Der vorzüglich geführte Reiterhof bietet speziell Kinderkurse in deutscher Sprache für Anfänger und Fortgeschrittene auf Schulpferden und für die Kleinsten auf Ponys an. Dressur, Geländereiten, englisches und klassisches Reiten: Auf dem Rücken der zehn Pferde geht es, geführt oder unbegleitet, am Fuß des Díkeos mit herrlichen Ausblicken über Stock und Stein. Wer möchte, mietet sich gleich auf der Koppel ein. Ein Erlebnis für die ganze Familie.
Zwischen Amaniou und Asfendíou • Tel. 2 24 20-4 19 08 • www.alfa-horse.de • Abholung vom Hotel möglich, ganzjährig geöffnet

Veroutas Family Farm E 2

An der dem Salzsee Alikes am nächsten gelegenen Verbindungsstraße zwischen Marmári und Tigáki steht die Koppel der Familie Veroutas mit neun Pferden, die kurze, geführte Ausflüge auf Pferd und Pony rund um den Salzsee und am Meer anbietet, auch für Kurzentschlossene. Reitkurse nur auf Englisch.

Marmári • Tel. 69 46 84 66 26

SEGELN

Cat Adventures B 5

Ein ganzes Urlaubspaket mit Katamaranschule und Unterkunft bietet der Flame Dirk Trio, außerdem Verleih, Einzel- und Gruppenunterricht.

Kéfalos • Tel. 69 70 71 94 98 • www.catadventures.be

Surf Center Caravia Beach E 2

Bei Holger Bründel und seinem Team kann man Segel-Grundkurse und Katamaran-Grundkurse belegen sowie Segelboote stundenweise ausleihen.

Caravia Beach (nahe Marmári an Nordküste) • Tel. 2 24 20-4 12 91 und 69 44 55 84 05 • www.caravia-wassersport.de

TAUCHEN

Kos Divers G 2

Die PADI-Station hat sich auf Küstentauchen, Scuba und Rettungskurse spezialisiert. Für kleine Taucher ab 8 Jahren gibt es besondere Kinderkurse. Im Shop findet man alles, was man braucht.

Shop: Psalídi, neben dem Hotel Niriides • Tel. 2 24 20-2 15 53

Tauchbasis: Psalídi, im Resort Kipriotis Village • Tel. 69 32 15 54 22 • www.kosdivers.com

TENNIS

In vielen größeren Hotels und Ferienanlagen kann man gegen eine geringe Gebühr Tennis spielen, auch wenn man nicht dort wohnt.

WINDSURFEN

Vor allem an der koischen Nordküste herrschen bei meist auflandigem Wind ideale Windsurfverhältnisse. Könner steigen nachmittags aufs Brett, wenn durchschnittlich 5–6 Windstärken erreicht werden, weniger Geübte liegen dann schon am Strand, nachdem sie sich am Vormittag bei 2–4 Windstärken verausgabt haben.

Kéfalos Windsurfing & Sailing Center B 5

Der Schweizer Jens Bartsch hat sich an der Bucht von Kéfalos niedergelassen, die unter professionellen Surfern sehr bekannt ist.

Tel. 69 77 62 03 16 • www.kefalos windsurfing.com

Kitesurfing Kos C 3

Joachim Schimpf in Mastichári bietet auch Windsurfkurse und Ausrüstung. Schnupperstunde 5 €.

Mastichári • Tel. 69 56 12 26 26 • www.kitesurfingkos.com

Windzone G 2

In Psalídi bietet ein internationales junges Team Surfkurse und Ausrüstung an.

Psalídi, gegenüber dem Hotel Ramira Beach • Tel. 2 24 20-2 61 54 • www.windzone-kos.gr

STRÄNDE

Bubble Beach C 4

Hat seinen Namen von den vom Meeresgrund aufsteigenden Bläs-

Am Paradise Beach (▸ MERIAN TopTen, S. 33) ist es nicht immer so leer, aber immer so schön wie auf dieser Aufnahme. Er gilt als bekanntester Strand der Insel.

chen – über einem erloschenen Vulkan. Am Ende des Paradise Beach.

8 Camel Beach B 4

Umfasst insgesamt drei Buchten, die im Sommer gut besucht sind. Die östlichen Buchten eignen sich auch zum Schnorcheln.

Kap Kata A 5

Am Kap Kata an der Westseite der Kéfalos-Halbinsel gibt es die ruhigsten Plätzchen, denn die wenigsten nehmen die etwas mühevolle und lange Anfahrt in Kauf.

8 Magic Beach C 4

Am Magic Beach fühlen sich auch Nudisten wohl.

8 Paradise Beach C 4

Der bekannteste Strand auf Kos und daher in der Hochsaison proppenvoll. Die Infrastruktur ist ausgezeichnet, großes Wasser- und Spaßsportangebot.

Tam Tam Beach D 2

Der Strand östlich von Mastichári an der Nordküste ist für seinen feinen Sand und seine Dünen bekannt.

Familientipps

Immer nur antike Säulen? Weit gefehlt, auf Kos fühlen sich Kinder überall wohl. Der Grund liegt nahe: Zum nächsten Strand ist es nie weit.

◂ Kindern genügt meist der Strand und das Meer, aber Kos bietet auch einige interessante Abwechslungen.

Fahrradfahren

▸ Klappe hinten, a 1

Kos ist einer der seltenen Orte in Griechenland mit gut ausgebauten Fahrradwegen und rücksichtsvollen Autofahrern. Seit vielen Jahren wird das Radnetz ausgebaut, und viele Händler haben sich auf den Verleih von City- und Mountainbikes spezialisiert. Das griechisch-holländische Paar Petra van der Wiede und Tákis Méntes führt ein großes Sortiment, auch an Kinderrädern (▸ S. 31).

Hippokrateia

Das Sommerfestival auf Kos bietet von Juni bis September Einheimischen und Besuchern ein breit gefächertes Kulturprogramm auf der Insel: Tanz- und Musikdarbietungen, Puppentheater sowie das Fest der Schäfer und des Honigs faszinieren auch Kinder.

Kos-Stadt und an weiteren Orten der Insel • häufig kostenloser Eintritt

Lido-Wasserpark

E 2

Wenn die Kinder noch nicht genug vom Strand haben, dann begeistern sie sicherlich die Wasserrutschen im Lido-Spaßbad! Auf 75 000 qm können sich Klein und Groß auf acht großen Wasserrutschen und drei Kinderrutschen, im Wellenbad, Whirlpool und auf dem Trampolin austoben.

Zwischen Mastichári und Marmári, die KTEL-Überlandbusse halten direkt vor der Anlage ca. 300 m vom Strand entfernt • Tel. 2 24 20-5 92 41 • www.lidowaterpark.com • Mai–Okt. tgl. 10–18.30 Uhr • Eintritt 18 €, Kinder 4–11 Jahre 13 €

Marmári Go-Kart Center

E 2

Für eine rasante Fahrt sorgt der Familienbetrieb von Christos schon seit 20 Jahren. Die Kleinsten ab 3 Jahren lenken batteriebetriebene elektrische Go-Karts, 7- bis 10-Jährige kurven auf Minikarts herum, und die Großen steigen in Rennkarts mit Viertaktmotoren. Vettel-Feeling garantiert.

In der Nähe des Salzsees von Alikes an der Straße zwischen Tigáki und Marmári • Tel. 2 24 20-6 81 84 • www.marmarigokartcenter.com • tgl. 9.30–23, Nebensaison 10–22 Uhr • 30 Min. in den großen Karts etwa 30 €

Picknick in der Plaka bei Andimáchia

D 3

Tun Sie es den Einheimischen gleich und fahren Sie am Wochenende mit Kind und Kegel zur kleinen Waldlichtung im Pfauenwald Plaka, um dort zu rasten und zu picknicken. An zwei Grillstellen brutzelt das Souvlaki oder auch mal ein ganzes Lamm, und die griechische Großfamilie genießt die Geselligkeit. Die Kinder haben ihren Spaß an zwei Dutzend Pfauen, die auch einen leckeren Happen ergattern möchten.

In der Nähe des Flughafens, ca. 2,5 km hinter Andimáchia auf der Schnellstraße Richtung Westen kurz vor der weiß-blauen Kapelle rechts Richtung Plaka abbiegen

Park von Ziá

E 3

Der kleine kommerziell betriebene Naturpark bietet für Kleinkinder einen Spielplatz, Häschen, Pfaue, Schildkröten und andere Kleintiere.

Tel. 69 73 59 17 22 • www.kosnaturalpark.gr • tgl. 9 Uhr bis 30 Min. nach Sonnenuntergang • Eintritt 3 €, Kinder 1,50 €

Windsurfschulen bieten Kinderkurse zu vernünftigen Konditionen (▸ S. 36). Gut für Kinder: Windstärke, WIndrichtung und Wellen sind auf Kos sehr berechenbar.

Surfkurs

Kos war eine der ersten griechischen Inseln, die vor rund 40 Jahren von Windsurfern aus aller Welt als geeignetes Revier entdeckt wurden. Der Meltémi bläst jeden Sommer kräftig und schafft ideale Bedingungen für Groß und Klein.

Viele Surf- und Kiteschulen bieten 3- bis 7-tägige Camps, aber auch eintägige Schnupperkurse, für Kinder ab 6 Jahren an. Eine vorherige Buchung ist nicht nötig, erkunden Sie sich besser spontan nach geeigneten Kursen, die an allen Stränden an der Nordküste sowie östlich von Kos-Stadt angeboten werden.

Das deutschsprachige Wassersportzentrum Caravia Beach (▸ S. 32) hat sich u. a. auf Windsurfkurse für Kinder ab 10 Jahren spezialisiert. Ein Kurs umfasst insgesamt rund 12 Std., gelernt wird in kleinen Schritten, die fast immer zum Erfolg führen. Nach dem täglichen Unterricht dürfen die Eleven Surfbrett und Rigg kostenlos zum Üben nutzen. Die Kursgebühr liegt bei 125 €, hinzu kommt eine Prüfungsgebühr in Höhe von 26 €.

Trenaki ▸ Klappe hinten, e 4

Es ist heiß, und die Kinder sind beim besten Willen nicht mehr zum Laufen zu bewegen? Dann steigen Sie doch alle zusammen in die Bimmelbahn, die Ihnen in 20 Min. auf Gummireifen bequem die Hauptsehenswürdigkeiten von Kos-Stadt zeigt und Sie auch zum Asklepieíon bringt.

Kos-Stadt, Abfahrt am Mandráki-Hafen • Ticket: 4 €, Kinder 2 €
Zum Asklepieíon: Abfahrt ab Touristeninformation • Ticket 5 €

Weitere Familientipps sind durch dieses Symbol gekennzeichnet.

Die Griechen hatten schon immer ein Talent dafür, Kapellen effektvoll zu platzieren. Das Kirchlein auf der Mini-Insel Kastri (► S. 86) stellt dies eindrucksvoll unter Beweis.

Unterwegs auf **Kos**

Auch in einem kurzen Urlaub kann man eine Menge sehen. Die meisten Sehenswürdigkeiten der Insel sind gut erreichbar und die Entfernungen kurz, vor allem mit dem Mietwagen.

Kos-Stadt

Blühende Gärten und sprechende Steine: In der Inselhauptstadt begegnet man auf Schritt und Tritt der abwechlungsreichen langen Geschichte.

◂ Die Loggia-Moschee (▸ S. 44) ist die bekannteste Moschee der Stadt, wird aber nicht mehr als solche genutzt.

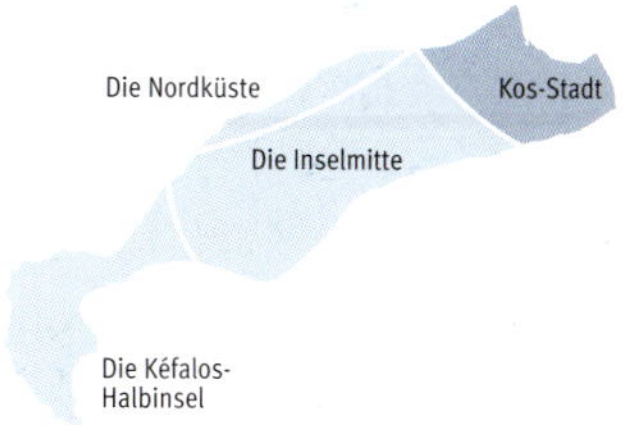

Kos-Stadt

G 2

19 400 Einwohner

Stadtplan ▸ Klappe hinten

Die Inselhauptstadt gehört zweifellos zu den architektonisch interessantesten Städten in Griechenland. Seit Mitte des 3. Jahrtausends ist sie ohne Unterbrechung bewohnt. Dies erklärt die Koexistenz antiker, mittelalterlicher, osmanischer und italienisch-moderner Bauten. Letztere gehen auf ein großes Unglück zurück, das sich am Namenstag des Hl. Georg, am 23. April 1933, ereignete: Ein Erdbeben der Stärke 6,6 auf der Richterskala zerstörte weite Teile der Stadt und tötete 178 Einwohner, viele weitere Hundert wurden verletzt und obdachlos. Die damals auf dem Dodekanes regierenden Italiener befreiten daraufhin archäologische Stätten von Umbauten und bauten eine moderne Stadt mit viel Gespür für Funktionalität und Ästhetik auf.

Siedlungsspuren verweisen auf die frühe Bronzezeit. Seit 366 v. Chr. befindet sich hier die Hauptstadt der Insel, die ihren kulturellen und wirtschaftlichen Höhepunkt in der hellenistischen und römischen Zeit erlebte. Berühmt waren die blühenden **Gärten von Kos**: So viele Pomeranzenhaine gab es, dass man Kos auch »Neratzia« nannte, und das Kastell trägt immer noch den Namen der bitteren Orange, die roh nicht gegessen werden kann, aber z. B. bei der Herstellung von Marmelade Verwendung findet.

Die Nähe zur kleinasiatischen Küste sorgte schon immer für einen regen Austausch von Menschen und Waren. Einst kamen die Eroberer über diesen Hafen: Römer, Byzantiner, Venezianer, Johanniter und Osmanen. Heute endet die EU-Außengrenze bei Kos, und viele Flüchtlinge aus den Krisengebieten Asiens und Afrikas versuchen, diese zu überwinden. Seit FRONTEX am Grenzfluss Evros im Nordosten Griechenlands einen Zaun zur Abwehr errichtet hat, setzen immer mehr Menschen von der Türkei auf die ostägäischen griechischen Inseln über. Die koischen Behörden kümmern sich um die Erstversorgung und schicken die Bootsflüchtlinge dann meist weiter nach Athen, wo viele von ihnen in der Illegalität landen. In einer Parallelwelt pendelt ein nie abreißender Strom von Touristen und Einheimischen auf ganz normalen Booten zwischen Kos und Bodrum zum Shoppen oder Arbeiten. So ist es nur natürlich, dass der Hafen nach wie vor das Zentrum der Geschäftigkeit bildet.

SEHENSWERTES

Deftedar-Moschee ▸ Klappe hinten, c 4

Das eindrucksvollste osmanische Gebäude von Kos wurde im 18. Jh. erbaut. Die Moschee wird von der muslimischen Gemeinde als Gebetsstätte genutzt und ist ansonsten leider geschlossen. Als Deftedar wurde der oberste Finanzbeamte im Osma-

nischen Reich bezeichnet. Am stimmungsvollsten ist die beleuchtete Moschee am Abend.
Plateía Eleftherias

1 Italienische Bauten

▶ Klappe hinten, c 4, d 3/4

Das Bild der heutigen Stadt ist eine geniale Schöpfung der Italiener nach dem Erdbeben von 1933. Sie unterteilten die archäologischen Stätten in drei Zonen (die östliche mit Hafen und Agora, die zentrale und die westliche) und verwirklichten nachhaltige Infrastrukturprojekte: Straßen wurden verbreitert, Bäume gepflanzt (der Palmenboulevard und die Steinbrücke zum Kastell gehen auf die Italiener zurück), öffentliche Gebäude errichtet.
Im Gegensatz zu den italienischen Bauten auf Rhodos sind die koischen nicht ins Monumentale gesteigert. Besonders imposant ist der **Gouverneurspalast** (Palazzo del Governo) an der Plateía Platanoú, der heute das koische Landgericht und die Polizeistation beherbergt. Es wurde ab 1927 von Florestano di Fausto, einem der führenden Architekten der italienischen Kolonien, errichtet. Besonders charakteristisch ist die zum Meer gewandte Seite.
Der **Albergo Gelsomino** mit der danebenliegenden ehemaligen Philharmonie an der Leofóros Vas. Georgíou ist innen wie außen ein entzückendes verspieltes Gebäude mit viel Liebe zum Detail bei der Gestaltung von Fenstern, Treppenhaus und Decken. Es beherbergt die städtische Tourismusbehörde und wird zurzeit sorgfältig restauriert.
An der Plateía Elefthérias stehen gleich drei wichtige Bauten aus italienischer Zeit: Die sogenannte **Casa**

An den farbenfrohen Obst-, Gemüse und Feinkostständen der Markthalle (▶ MERIAN TopTen, S. 43) von Kos-Stadt wird Einkaufen zum Erlebnis.

del Fascio, die während der italienischen Besatzungszeit die faschistische Partei beherbergte, wird heute u.a. als Kino und Restaurant der Kooperative Aigli (▸ S. 50) genutzt. Als »fascio« bezeichnet man das Rutenbündel, das die römischen Liktores als Machtsymbole trugen, der Begriff »Faschismus« leitet sich davon ab. Vom Balkon des monumentalen Gebäudes wurde am 7. Mai 1948 vor der jubelnden einheimischen Bevölkerung die Rückkehr der Dodekanes-Inseln zu Griechenland verkündet. Unter dem Balkon erinnert daran eine griechische Inschrift, die auch Teile der griechischen Nationalhymne zitiert.

Das **Archäologische Museum** wurde 1935, zwei Jahre nach dem Erdbeben errichtet, um die Funde von den archäologischen Stätten zu beherbergen. Gegenüber zeigt die städtische **Markthalle** die typischen verspielten Rundbögen, die dem aufmerksamen Spaziergänger überall in der Stadt an Zäunen, öffentlichen Gebäuden wie Banken und Schulen sowie Erkern begegnen. Weitere hochinteressante Gebäude sind u.a. die **Grundschule** an der Verkehrsinsel mit den Delfinen (Dolphin Square), die katholische Agnus-Dei-Kirche und das **Hippokrates-Krankenhaus**.

2 Kastell Neratzia

▸ Klappe hinten, c 2/d 3

Die Johanniter machten ab Ende des 14. Jh. aus Kos eine Ritterstadt – an der Stelle der antiken Agora, die sie als Steinbruch benutzten. Diese Renaissance der antiken Stadt kam auch in der Namensgebung zum Ausdruck: Das nordwestliche Stadttor des neuen Kos nannten sie »Tor des Forums«, was nichts anderes als die lateinische Bezeichnung der griechischen Agora ist. Der Hintergrund: Nachdem Akkon als letzte Bastion im Heiligen Land an die Araber gefallen war, wurde das östliche Mittelmeer strategisch immer wichtiger. Von Bastion zu Bastion, von Insel zu Insel waren diese gigantischen Festungen weit mehr als Ritterburgen zum Schutz der heimischen Bevölkerung. Sie waren vielmehr Bastionen des christlichen Glaubens, die immer häufiger von außen bedroht wurden.

Frühe Reisende beschreiben die Burg als von drei Seiten vom Meer umgeben und an der vierten Seite von einem See: Das Kastell stand einst auf einer Landzunge, um die ein mit Wasser gefüllter Verteidigungsgraben gezogen worden war. Immer schon wurde von hier die Meeresenge zwischen Kos und der kleinasiatischen Küste kontrolliert. Die Italiener errichteten anstelle des Festungsgrabens die Palmenallee.

Im Inneren stellt man sofort fest, dass die Burg aus zwei Schutzmauern besteht, der äußeren und der inneren. Die äußere hat an drei Ecken runde Türme, ein quadratischer Turm wurde im Osten in die Mauer integriert. Die innere ist mit großen Vorbastionen ausgestattet, im Herzen erhob sich ein Bergfried. Ein breiter Graben trennt die beiden Mauern. Überall finden sich Spolien aus der Antike und Wappen der Johanniter, die als Zeitangaben behilflich sind – ein Bilderbuch des Ordens! Die Wappen der Großmeister Jean de Lastic und Jacques de Milly deuten auf das 15. Jh.

Die äußeren Mauern wurden erst nach der bitteren Erfahrung gebaut,

die die Ritter 1480 auf Rhodos während der mehrere Monate dauernden Belagerung durch die gut aufgestellte Flotte der Osmanen gemacht hatten. Sie stammen aus der Zeit des Großmeisters Pierre d'Aubusson, der auch die Burg von Andimáchia befestigen ließ, und wurden 1514 vom Großmeister Fabrizio del Carretto beendet.
Besonders imposant ist die nordwestliche Bastei mit ihren drei Reihen Kanonenscharten. 1523 fiel die Burg trotz erbitterter Verteidigung schließlich in die Hände der Osmanen, und der Zugang blieb Griechen wie ausländischen Reisenden untersagt. Das Herz der Stadt blieb jahrhundertelang unzugänglich.

3 MERIAN Tipp

EIN RUNDTRIP MIT DER »EVA«

▸ Klappe hinten, c 3

Das alte Segelschiff fährt in die Buchten von Kos, Psérimos und Kálymnos. Die Mannschaft grillt an Bord Souvláki und Schwertfisch. Wenn der Wind ordentlich in die Segel bläst, ist das Erlebnis unvergesslich. ▸ S. 17

In den späten Nachmittagsstunden ist das Licht im Kastell am schönsten und der Rundgang auf den Bastionen wegen der herrlichen Ausblicke besonders lohnenswert. Wer das Glück hat, zur richtigen Zeit während des Sommerfestivals Hippokrateia auf Kos zu sein, wenn im Inneren Musik, Tanz und Theater geboten werden, sollte sich dieses Spektakel vor der romantischen Kulisse der mächtigen Festungsmauern auf keinen Fall entgehen lassen. Zu Hause kann man den Besuch der Burg noch einmal im frühen Meisterwerk von Werner Herzog, im Schwarz-Weiß-Film »Lebenszeichen« aus dem Jahr 1968, Revue passieren lassen.

Zugang über die Brücke von der Plateía Platanoú • April–Okt. tgl. 8.30–18.30, Nov.–März Di–So 8.30–15 Uhr • Eintritt 3 €

Loggia-Moschee ▸ Klappe hinten, d 3

Die wegen ihrer schönen Arkaden-Loggia so genannte Moschee wurde 1786 unter dem türkischen Admiral Gazi Irli Hasan errichtet. Die darunterliegenden Läden werden von der muslimischen Gemeinde an Souvenirhändler vermietet.

Plateía Platanoú, keine Innenbesichtigung möglich

Östliches Ausgrabungsgebiet: Limenos (antiker Hafen) und Agora (Markt) ▸ Klappe hinten, c/d 4

Das antike Kos war eine reiche Stadt, die ihren Wohlstand aus den Erzeugnissen der Landwirtschaft, dem Handel, dem Gesundheitstourismus zum Asklepieíon und des Handwerks, insbesondere der Weberei, bezog. In der Römerzeit waren die feinen Stoffe aus Kos berühmt, die »vestes Coae«, hergestellt aus dem Stoff, den man aus eingeführten Seidenkokons gewann. So durchsichtig waren sie, dass Theokrit von »nassen Kleidern« und Petronius von »gewebter Luft« sprachen.
Das 30 000 qm große antike Markt- und Hafenviertel (**Limenos**) wurde erst nach dem Erdbeben 1933 von seinen Bebauungen, die in die Ritterzeit zurückreichten, freigelegt, die Bewohner umgesiedelt. Einzig die mittelalterlichen Tore, das Osttor an der Hippokrátous-Straße und das

Um die Platane des Hippokrates (▸ S. 46) ranken sich allerlei Sagen. Laut Überlieferung soll Hippokrates hier seine Schüler in der Heilkunde unterwiesen haben.

Tor des Forums an der Defterdar-Moschee, blieben erhalten. Dieses gesellschaftliche Zentrum der antiken Stadt, das Versammlungs- und Geschäftsviertel, bestand aus offenen Marktständen, verschiedenen Kultstätten, einer Wandelhalle und öffentlichen Gebäuden. »Agorazein« bedeutet im Altgriechischen »kompetent mitreden«, was gleichbedeutend mit »zur Agora gehen« wurde. Im Neugriechischen heißt es »kaufen« – beide Bedeutungen sind für den Ort bezeichnend.

Die heute zu sehenden Ruinen stammen hauptsächlich aus dem 4. und 3. Jh. v. Chr und der römischen Epoche. Am besten verschafft man sich anhand des aufgestellten Plans einen Überblick: Das Markt- und Versammlungsgebiet (**Agora**) ist erkennbar an den beiden wiederaufgestellten dorischen Säulen. Es grenzte nördlich an die hellenistische Stadtmauer, die sich quer durch das Gelände zog. Nach Verlegung der Inselhauptstadt an diese Stelle ab 366 v. Chr. wurde diese als Festungsmauer mit Türmen und großen Toren aus Steinquadern errichtet. Nördlich davon befanden sich die Kultstätten des Herakles und daneben der Aphrodite sowie ein hellenistischer Tempel, von denen die Fundamente erhalten sind. Das **Heiligtum der Aphrodite** wird ins 2. Jh. v. Chr. datiert und zeigte sich den Seeleuten, die sich Kos näherten, schon von Weitem. Die **Säulenhalle** (Stoa) nordöstlich des Marktes ist das älteste Gebäude im antiken Hafengebiet, allerdings wurde sie schon in der Antike immer wieder umgebaut. Erkennbar ist sie an den wiedererrichteten korinthischen Marmorsäulen. In frühchristlicher Zeit entstand hier eine dreischiffige Hafenbasilika mit kreuzförmiger

Taufkapelle. Von der Basilika ist wenig mehr als ein Teil der Treppe, die zum Narthex führte, erhalten.
Zwischen Eleftherías-Platz, Nafklírou, Aktí Miaoúli und Hippokrátous • von allen vier Seiten frei zugänglich

Platane des Hippokrates

▸ Klappe hinten, d 3

Der berühmteste Baum Griechenlands ist mittlerweile stark mitgenommen und bedarf der Stütze. Ob Hippokrates selbst in seinem Schatten rastete, wie gern behauptet wird, ist mehr als fraglich. Botaniker schätzen sein Alter »nur« auf ein halbes Jahrtausend. Der Brunnen neben der Platane entstand während der Osmanenherrschaft. Er diente der Moschee als Reinigungsbrunnen, in arabischer Schrift ist die »schahāda«, das Glaubensbekenntnis des Islam, zu lesen: »Allah ist der alleinige Gott und Mohammed ist sein Prophet.« Als sich Freiheitskämpfer aus Kos der auf der Peloponnes ausgebrochenen Revolution, die die Überwindung der fast 400-jährigen osmanischen Herrschaft einläutete, anschlossen, wurden vor der Platane Dutzende Griechen zur Abschreckung gehängt.
Plateía Platanoú

3 Westliches Ausgrabungsgelände und benachbarte Gebäude

▸ Klappe hinten, b 5/6

Das Gelände ist in gutem Zustand, da es im Gegensatz zum östlichen Ausgrabungsgelände nicht durchgehend bebaut und bewohnt war. Hier befinden sich hauptsächlich Überreste öffentlicher Bauten aus der hellenistischen und römischen Epoche: An der Westseite stand das **Gymnasion** mit einem »xystós drómos«, einer überdachten antiken Sportstätte, wo die Athleten auch bei Regen trainieren konnten. Sie ist an den wiederaufgerichteten Säulen erkennbar. Der Sportler war nackt (»gymnós«) und rieb seinen Körper lediglich mit Öl ein, das er anschließend wieder mit Hilfe eines Striegels abkratzte (»xýno« = kratzen). Von 81 Säulen wurden 17 wieder aufgerichtet. Das einstige Stadion befindet sich übrigens weiter nördlich an der Kreuzung M. Alexándrou und 31. Martíou.
Neben dem Gymnasion wurde ein großer Saal mit einem herrlichen **Mosaik** aus dem 2. oder 3. Jh. n. Chr. gefunden. Es zeigt Jagdszenen, die neun Musen sowie das Urteil des Paris: Der junge Mann sollte entscheiden, welche der drei Göttinnen Hera, Aphrodite oder Athene die Schönste sei. Jede der Göttinnen versprach ihm eine Belohnung: Paris entschied sich gegen ewige Weisheit, die ihm Athene versprochen hatte, und gegen die von Hera in Aussicht gestellte Herrschaft der Welt und setzte auf Aphrodite, die als Lohn mit der Liebe der schönsten irdischen Frau lockte. Natürlich ging die Geschichte übel aus: Mit Helena hatte Paris nichts als Scherereien, und der zehnjährige Krieg von Troja brach aus.
Der imposante Bau, der das Gelände überragt, wird als **Nymphäon** bezeichnet, ist jedoch in Wirklichkeit nichts anderes als eine römische Wasch- und Bedürfnisanstalt, allerdings eine sehr elegante! Das rechteckige Gebäude umschließt einen zentralen, mosaikverzierten Säulenhof mit Brunnen, ionische Säulen stützen die Arkaden. Momentan kann man die Anlage nur durch ein

Das Gymnasion im westlichen Ausgrabungsgelände (▶ MERIAN TopTen, S. 46) war eine überdachte Sportstätte, in der Angehörige der Aristokratie trainierten.

Fenster von einer Treppe betrachten. Gegenüber erstreckt sich die **Anlage der westlichen Thermen**, die von den Römern über Vorgängerbauten errichtet wurden. Ein Teil des gewölbten Versammlungsraums ist erhalten. Später wurde an der Stelle eine **frühchristliche Basilika** mit Taufkapelle errichtet, ihr imposantes marmornes Tor wurde wieder aufgerichtet.

Die »cardo« genannte Hauptachse in Nord-Süd-Richtung führt nun auf den »decumanus« in west-östlicher Richtung, an dem sich eine weitere frühchristliche Basilika und das **Haus der Europa** befinden, so benannt nach dem Mosaik mit der Entführung der nackten Prinzessin Europa von Phönizien über das Meer durch den als Stier getarnten Gott Zeus – es ist die Geburtsstunde Europas. Ähnlich schöne Mosaiken zieren auch weitere Säle.

Auf der gegenüberliegenden Seite der Grigoríou V. liegt das **Odéon**. Aus dem 2. Jh. n. Chr. stammt diese etwa 750 Personen fassende politische Versammlungsstätte, die in römischer Zeit auch als Konzerthaus genutzt wurde. Aus Gründen der Akustik muss es überdacht gewesen sein als »theatrum tectum«. Leider ist die Ausstellung im unteren Gebäude, die mit viel Aufwand und Kosten geschaffen wurde, ein Opfer der Wirtschaftskrise geworden: Das Aufsichtspersonal kann nicht mehr bezahlt werden.

Artemis-Statue im Archäologischen Museum (▸ S. 48) von Kos-Stadt.

Geht man auf der Grigoríou V. weiter nach Osten, stößt man auf die **Casa romana**. Auf einer Fläche von 2400 qm erstreckt sich diese wahrlich luxuriöse römische Villa, die 40 Räume, zwei Säulenhöfe und ein Atrium umfasste! Die öffentlichen Gemächer waren üppig mit Mosaiken, Marmorplatten und Marmorstatuen dekoriert, ganz nach dem Geschmack reicher Römer. Zurzeit wird das Haus renoviert.

Überquert man die Grigoríou V. noch einmal, stößt man auf die Reste eines **Dionysos-Altars** aus dem 2. Jh. v. Chr. sowie eines dorischen Tempels. Dionysos wurde nicht nur als Gott des Weines, sondern auch des Theaters und generell der Feste verehrt. Lohnend ist auch ein kleiner Abstecher in die Odós Anápafsos, südlich der Grigoriou V.: Dort liegen der **katholische Friedhof** mit der Agnus-Dei-Friedhofskapelle und etwas weiter die alte **Ágios-Ioánnis-Kapelle** am griechisch-orthodoxen Friedhof. Auf dem katholischen Gottesacker erinnert ein Gedenkstein an die grausame Exekution von 91 italienischen Offizieren durch Wehrmachtsoldaten am 4. Okt. 1943. Kos geriet an jenem Tag unter deutsche Besatzung. Die sterblichen Überreste von 66 Offizieren wurden später hier beerdigt.

Zwischen den Straßen Grigoríou V., M. Alexándrou, Tsaldári und Pisándrou. Die beschriebenen anderen Bauten befinden sich jenseits der Grigoríou V., der Dionysos-Altar vor der Odós Víronos • frei zugänglich

MUSEEN

Archäologisches Museum

▸ Klappe hinten, c 4

Präsentiert werden Funde aus allen archäologischen Stätten in Kos, vor allem Skulpturen und Mosaiken von der hellenistischen bis spätrömischen Epoche. Dazu zählt die Skulpturengruppe des (angetrunkenen) Wein- und Theatergotts **Dionysos**, der von einem Satyr auf der einen und dem mit Weinreben umwundenen Thyrsos-Stab auf der anderen Seite gestützt wird. Zu seinen ständigen Begleitern zählen der ziegenbockhörnige Pan, der durch die Wälder streift, und ein kleiner, einen Panther liebkosenden Eros. Herausragend ist auch die Statue der Jagdgöttin **Artemis** mit ihren Attributen: einem Jagdhund, Köcher und Pfeilen. **Hygeia** ist die Tochter des Gottes der Heilkunst, Asklepios; das Wort Hygiene leitet sich von ihr ab. Sie gibt einer Schlange ein Ei zum Fraß. Bei beiden Figuren sind vor allem der Faltenwurf der Gewänder und die Frisuren beeindruckend.

Das berühmteste Mosaik zeigt die **Ankunft des Heilgottes Asklepios** mit einem Schiff auf Kos: Erwartet und begrüßt wird er vom berühmtesten Arzt der Antike, dem Koer Hippokrates, und einem weiteren Einheimischen, wohl einem hohen Repräsentanten.

Es ist zu hoffen, dass nach der Restaurierung auch das Obergeschoss zugänglich wird, in welchem eine Gefäßsammlung ab der geometrischen Epoche und die vorhistorischen Funde aus der Höhle Aspri Pétra (▶ S. 92) aufbewahrt werden.

Plateía Eleftherías • wird derzeit renoviert, Zeitpunkt der Wiedereröffnung ungewiss

SPAZIERGANG

Stadtplan ▶ Klappe hinten

Beginnen Sie Ihren Stadtrundgang am geschäftigen Hafen an der Aktí Kountourióti. Der Palmenboulevard, angelegt über dem früheren Burggraben, bringt sie zur eindrucksvollen Ritterburg, zu der sie über eine Steinbrücke gelangen. Zurück auf dem Platz neben der Loggia-Moschee stehen Sie vor der berühmten **Hippokrates-Platane** und am Gerichtsgebäude. Hübsche Cafés laden zum Verweilen ein. An der Aktí Miaoúli befinden sich einige der schönsten Gebäude der Stadt aus italienischer Zeit, das Verwaltungsgebäude und in der Verlängerung der **Albergo Gelsomino**. Der Bischofssitz und das Osttor der mittelalterlichen Stadtmauer sind weitere Sehenswürdigkeiten.

Von der Aktí Miaoúli folgen Sie nun der senkrecht zu ihr verlaufenden Hippokrátous-Straße. Rechter Hand liegt der antike Markt, geradeaus stoßen Sie auf den Freiheitsplatz, das Zentrum der Stadt mit Markthalle, Archäologischem Museum und Defterdar-Moschee.

Dauer: halber Tag inkl. Besichtigungen

ÜBERNACHTEN

Kos Aktis Art Hotel

▶ Klappe hinten, e 4

Direkt am Wasser • Nach seiner Renovierung zeigt sich das Akti von seiner stylishen Seite. Verlangen Sie ein Zimmer mit Blick zum Meer und Sie werden darüber schweben.

Vas. Georgíou 7 • Tel. 2 24 20-4 72 00 • www.kosaktis.gr • ganzjährig geöffnet • 42 Zimmer • ♿ • €€€–€€€€

Kosta Palace ▶ Klappe hinten, c 2

Zimmer mit Aussicht • Wählen Sie ein Zimmer nach vorne in den oberen Etagen, von dem Sie über den Hafen zum Johanniterkastell blicken. Mit Pool und Dachterrasse.

Ecke Akti Kountourioti/Averof 1 • Tel. 2 24 20-2 28 55 • www.kosta-palace.com • 165 Zimmer • €€€

Koala ▶ Klappe hinten, f 6

Herzlicher Empfang • Die Familie Patakos sorgt seit über 40 Jahren für einen angenehmen Aufenthalt ihrer Gäste. Die Zimmer sind einfach, aber sauber. Mit Hotelpool. Das Frühstück nimmt man auf der Terrasse unter Hibiskusblüten ein.

Harmílou 21 • Tel. 2 24 20-2 28 97 • www.koalahotel.gr • 46 Zimmer • €

ESSEN UND TRINKEN

Petrino ▶ Klappe hinten, b 5

Gediegen • In einem 150 Jahre alten Steinhaus speist es sich stilvoll – drinnen wie im herrlichen Garten. Ausgezeichnete Weinkarte, frischer Fisch und hervorragender Service.
I.Theologos-Platz • Tel. 2 24 20-2 72 51 • www.petrino-kos.gr • €€€

Aigli ▶ Klappe hinten, c 5

Frauenpower am Hauptplatz • Im Krisenjahr 2011 gründeten sechs mutige Frauen im Alter zwischen 38 und 60 Jahren die Kooperative Aigli mit dem Ziel, hohe Qualität zu fairen Preisen am zentralsten Platz von Kos anzubieten. Der damalige Bürgermeister unterstützte die Initiative, indem er den Damen die Räumlichkeiten in der schicken Casa del Fascio zehn Jahre mietfrei zur Verfügung stellte. Drei Jahre später beschäftigte die Kooperative bereits 19 fröhliche Koerinnen. Ab 7 Uhr stehen sie in der Küche, kneten, schnippeln und köcheln, um die Tagesgerichte zu kreieren. Die Zutaten für die leckeren Salate, kleinen Mahlzeiten und Desserts liefern lokale Bauern, Imker und Olivenölproduzenten, so kommt die Kooperative ohne Zwischenhändler aus. Ganz besonders schmackhaft sind der Vorspeisenteller »poikilia tis Aiglis« sowie das Dessert »ekmek«.
Plateia Eleftheria • Tel. 2 24 20-3 00 16 • www.aiglikos.gr • tgl. ab 8.30 Uhr • €€

Ali ▶ Klappe hinten, f 6

Anatolische Küche • Familie Hassan ist vor einigen Jahren von Plátani nach Kos gezogen und betreibt dieses ausgezeichnete Lokal mit vielen

Im Atelier des Ikonenmalers Panajótis Katapódis (▶ S. 52) kann man dem Meister beim Malen der Heiligenbilder über die Schulter schauen.

einheimischen Stammgästen. Der sympathische Wirt freut sich, wenn er sein im Sprachinstitut erlerntes Deutsch anwenden kann. Alle Speisen werden frisch von der Familie zubereitet, vor der Küche sucht man sich das Lieblingsgericht aus, z. B. warme gefüllte Kohlrouladen, Okra-Schoten, Pastítsio, Saubohnen und ausgezeichnete Fleischgerichte.
Artemisías 23 • Tel. 2 24 20-2 18 60 • €€

Elia ▸ Klappe hinten, c 4
Traditionell • Schmackhafte Mezedes wie santorinisches Favaerbsenpüree oder gefüllte Paprika und Gegrilltes in schönem Ambiente.
Apélou 27 • Tel. 2 24 20-2 21 33 • www.elia-kos.gr • €€

Flamingo ▸ Klappe hinten, c 3
Alles im Blick • Die Hafenpromenade, die schaukelnden Ausflugsboote und im Hintergrund das Johanniterkastell. Perfekt für einen Drink oder auch ein stilvolles Abendessen.
Akti Kountourioti • Tel. 22420-2 43 90 • €€

Mavromátis ▸ Klappe hinten, östl. f 5
Ganz in Blau • Alteingesessene Fischtaverne am Meer mit viel einheimischem Publikum.
3 km östl. von Kos-Stadt im Ortsteil Psalídi, Tel. 2 24 20-2 24 33 • www.mavromatisrestaurant.gr • tgl. ab 11 Uhr • €€

Stadium ▸ Klappe hinten, f 6
Stilvoll • Gegenüber der Strandpromenade werden Fisch und andere mediterrane Spezialitäten im eleganten Ambiente im Hof eines restaurierten Herrenhauses aufgetischt.
Vas. Georgíou 26 • Tel. 2 24 20-2 79 90 • www.stadiumrestaurant.com • €€

Café Aenaos ▸ Klappe hinten, c 4
Viel griechisches Publikum • Zu Füßen der Deftedar-Moschee wird der neueste Klatsch ausgetauscht.
Plateía Eleftherías • Tel. 2 24 20-2 60 44 • €

4 MERIAN Tipp

SPECIAL ▸ Klappe hinten, c 5
Alles, was junge und alte Schleckermäuler verführt, ist in dieser Konditorei auf engstem Raum zu finden. Schieben Sie den Besuch nicht bis zum letzten Urlaubstag auf, Sie würden es bereuen. ▸ S. 17

Cafe Neratzia ▸ Klappe hinten, c 3
Entspannend • Mit Blick auf den schönen Platz lässt sich selbst ein heißer Sommernachmittag im Schatten der Bäume gut aushalten.
Plateía Platanoú • Tel. 2 24 20-3 00 68 • im Sommer bis 23, im Winter bis 15 Uhr • €

Evdokía ▸ Klappe hinten, a 3
Mummy's Cooking • Seit Jahrzehnten steht Mama Evdokía am Herd und am Holzkohlengrill. Authentische griechische Küche, die Spezialität ist Moussaká.
Bouboulínas 13 • Tel. 2 25 20-2 85 25 • tgl. 12 Uhr–spät am Abend, im Winter So geschl. • €

Téleia kai Váfla ▸ Klappe hinten, c 4
Auf die Schnelle • Sie sind wirklich vorzüglich, die Waffeln der Familie Chatzkalymnos. Und viel zu schade, um nur mitgenommen zu werden.

Viel gemütlicher ist es, sie an den bunt bemalten Holztischen zu verspeisen.
A. Zervánou 1 • €

EINKAUFEN

Chíma kai Tsouválata

▸ Klappe hinten, c 5

»Lose und aus dem Sack« heißt dieses kleine Geschäft, das Spezialitäten wie Oúzo, Wein vom Fass, würzige Kräuter und herrlichen Käse im Sortiment führt.
El. Venizélou 53

5 MERIAN Tipp

L.A.B.

▸ Klappe hinten, b 4

Die Live Art Bar hat sich in Rekordtempo zum neuen Szenetreff der Stadt entwickelt. Am Wochenende steht die Wirtin Anastasia Chatzikalymniou höchstpersönlich auf der Bühne. ▸ S. 17

Ikonen

▸ Klappe hinten, östl. f 5

Wer nach dem Besonderen sucht, sollte zu Panagiótis Katapódis fahren. In seinem hübschen Atelier malt und verkauft er Ikonen und nimmt neue Aufträge an. In 50 Jahren hat sich Katapodis in der orthodoxen Kirche einen Namen gemacht, seine Ikonen schmücken zahlreiche Kapellen auf Kos, aber auch die Wohnungen und Büros vieler Koer. In seinem Atelier kann man dem Meister über die Schulter schauen. Er selbst spricht nur gebrochen Englisch, aber seine redegewandte schwedische Frau hilft gerne beim Übersetzen.
Vas. Georgíou, ca. 1,5 km östl. des Zentrums, auf das Schild »Icon Painter« achten • Mo–Sa 10–18 Uhr

Komboloi

▸ Klappe hinten, c 4

Wer nach dem Lieblingsspielzeug griechischer Männer sucht, wird hier garantiert fündig. Das Geschäft führt schöne »komboloi« aus verschiedensten Materialien wie Stein, Holz und Glas.
Papoúlis, Vas. Pávlou 18

Olive Wood

▸ Klappe hinten, c 5

Alles aus dem schön gemaserten Holz des Ölbaums: Nützliches wie Salatbesteck und Mörser, Dekoratives für über den Kamin und sündhaft schöne Backgammonbretter. Das Geschäft behauptet sich hartnäckig auf der Souvenirmeile von Kos zwischen dem vielen Kitsch und Krimskrams.
Apélou 13 • www.woodenland.com.gr

Polykentro N. Thalassinou

▸ Klappe hinten, a 5

Die größte Buchhandlung von Kos verfügt auch über eine Spielzeugabteilung und eine Papeterie.
Ecke Korytsas/Argyrokastrou

Schuhmacher Ali

▸ Klappe hinten, c 5

Er ist der letzte seiner Zunft: Ahmet Tilis – mittlerweile ein schmächtiger Herr von über 70 Jahren mit dichtem weißen Haar – ist seit 60 Jahren Schuhmacher. Auf Sandalen will er sich nicht reduzieren, das sei ihm zu einfach, sagt er und beugt sich über seine Leisten. Seine mit ihm gealterten Stammkunden schwören auf sein Handwerk und bestellen bei ihm Schuhe für jede Gelegenheit. Der Schnürsenkel ist abgerissen, die Sohle platt gelaufen, der Absatz im Pflaster steckengeblieben? Herr Tilis kann auch Urlaubern in Notlagen gewiss weiterhelfen.
Kolokotroni 17

Asklepieíon 4

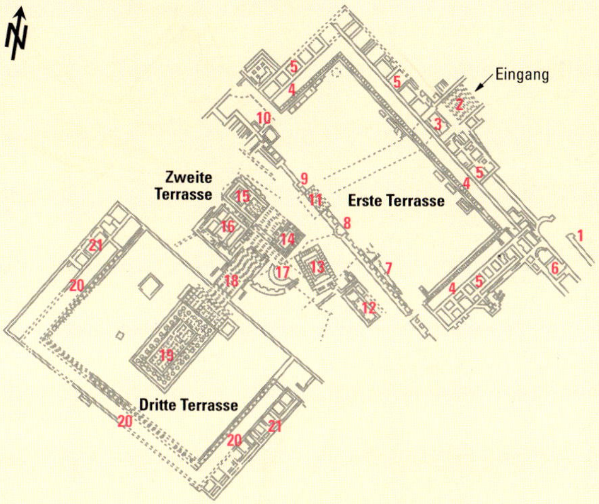

1 Museum
2 Moderne Freitreppe
3 Torbau (Propylon)
4 Wandelhallen
5 Wohn- und Behandlungsräume für Patienten
6 Römische Thermen
7 Mauer mit Nischen
8 Nische mit Pan-Brunnen
9 Nische mit Xenophon-Altar
10 Brunnen
11 Freitreppe
12 Versammlungsraum für Priester (Leschi)
13 Apollon-Tempel
14 Asklepios-Altar
15 Asklepios-Tempel (ionisch)
16 Römische Priesterwohnungen
17 Exedra
18 Freitreppe
19 Asklepios-Tempel (dorisch)
20 Säulenhallen (dorisch)
21 Wohn- und Behandlungsräume für Patienten

AM ABEND

Ávra ▸ Klappe hinten, c 4

Tagsüber Café, am Abend elegante Cocktailbar im Art-déco-Look.

Vas. Georgíou 5

Hamam ▸ Klappe hinten, c 4

In einem früheren türkischen Bad wird heute zu den Klängen der internationalen und griechischen Charts getanzt und gefeiert.

Nafklírou • tgl. ab 21 Uhr

Nostos Bar ▸ Klappe hinten, östl. f 5

Das weiß-blau getünchte alte Häuschen direkt am Strand lädt an heißen Sommerabenden zu kühlen Drinks ein.

Leof. Papandréou, gegenüber dem Hotel Theódoros

Sommerkino Orféas ▸ Klappe hinten, f 5

Kino unter dem Sternenhimmel! Ausländische Filme werden grundsätzlich im Original mit griechi-

schen Untertiteln gezeigt. Zwei Vorstellungen am Abend.
Ecke Fenarétis/Vas. Georgíou • www.cine-orfeas.gr

SERVICE

AUSKUNFT

Städtische Touristeninformation

▸ Klappe hinten, e 4

Vas. Georgíou 1 • Tel. 2 24 20-2 42 60 • Mai–Okt. Mo–Fr 8–14.30, 17–20, Sa, So 9–14 Uhr, Nov–April 8–14.30 Uhr

BUS

Die zentrale Haltestelle der Überlandbusse KTEL liegt in der Kleopátras 7 (Tel. 2 24 20-2 22 92, www.ktel-kos.gr). Die städtischen Busse bedienen die südöstlichen Strandgebiete bis Ágios Fokás und die Embros-Therme, Lámbi im Nordwesten sowie Platáni bzw. das Asklepieíon. Die Endhaltestelle liegt an der Aktí Kontourióti 7 (Tel. 2 24 20-2 62 76). Dort sind auch Fahrpläne erhältlich.

Ziele in der Umgebung

◎ Asklepieíon 4 F 2

Plan ▸ S. 53

Als Asklepieíon bezeichnet man eine dem Heilgott Asklepios geweihte Kultstätte. Die bedeutendste stand in der Argolis in Epidauros. Erfolgreiche Heilungen verbreiteten den Ruf des Gottes und den Glauben an seine Heilkunst, sodass zahlreiche Tochterkulte gegründet wurden, u.a. in Athen, Pergamon und Rom. Auch das Asklepieíon von Kos gehörte dazu; es stellt heute die größte Sehenswürdigkeit der Insel dar. An der Stelle eines einfachen, dem Gott Apoll geweihten bewaldeten Haines entstand ab dem 4. Jh. v. Chr. die berühmte Heilstätte, die in hellenistischer Zeit ausgebaut wurde. Sie steigt in drei gewaltigen künstlichen Terrassen an, die auf einem kleinen Hügel angelegt wurden. Sowohl die herrliche Lage mit Blick auf die koische Ebene, die kleinasiatische Küste und die umliegenden Inseln als auch die vorhandenen mineralstoffreichen Quellen Vourinna und Kokkinonero an den Ausläufern des Berges Díkaios dürften für die Auswahl dieses Ortes entscheidend gewesen sein. Anfangs eine Kultstätte, entwickelte sie sich immer stärker zum Therapiezentrum und Sanatorium. Zunächst wurde sie von Priestern betrieben.

Erst der 460 v. Chr. auf Kos geborene Arzt **Hippokrates** begründete eine empirisch fundierte Heilkunde, die nicht mehr auf Aberglauben und Wunderheilung, sondern auf medizinischen Erkenntnissen beruhte. Er kann mit Fug und Recht als der wichtigste Arzt der Antike bezeichnet werden. Die hippokratischen Schriften aus seiner Hand und der seiner Nachfolger umfassen vor allem Bücher zu Epidemien und das »Prognostikon«, d.h. die Beobachtung aller Anzeichen für eine Krankheit, deren Ausbruch und Schlüsse über ihren Verlauf. Ob er selbst eine ausgeprägte Säftelehre vertreten hat, wie gern behauptet wird, ist fraglich. Auf alle Fälle hatte er Einfluss auf den antiken Arzt Galen und wirkte über diesen bis in die Neuzeit hinein. In seinen Schriften findet der heute vielzitierte »Eid des Hippokrates«, der auf Kos überall in Form touristischer Souvenirs vermarktet wird, allerdings keine Erwähnung. Die erste bekannte Quelle geht auf einen römischen Arzt des 1. Jh. zurück, der Hippokrates wohl als Leitfigur begriff. Es handelt sich um einen

medizinischen Ehrenkodex, auf den angehende Ärzte heute zwar nicht mehr schwören müssen. Der Text enthält jedoch viele Passagen, die in der aktuellen Diskussion über medizinische Ethik eine große Rolle spielen, z. B. das Verbot aktiver Sterbehilfe oder die Tötung ungeborenen Lebens.
Die Ausgrabungen wurden Anfang des 20. Jh. durch den Tübinger Altphilologen und Archäologen Rudolf Herzog nach Hinweis durch den koischen Historiker Ioánnis Zaraftis aufgenommen und nach dem Erdbeben von 1933 durch die italienischen Archäologen fortgesetzt. Rudolf Herzog war der Großvater des Filmemachers Werner Herzog, der seinen ersten Film auf Kos drehte. Das heutige Aussehen der Stätte geht im Wesentlichen auf die Italiener zurück. Im Mittelalter wurde das Asklepieíon als Steinbruch zum Bau des Kastells und von Wohnhäusern genutzt, und bereits die Antike kannte eine lange Baugeschichte, die immer wieder Veränderungen an den Vorgängerbauten vornahm. In der Römerzeit wurde die antike Heilstätte zu einer Badeanstalt mit zahlreichen Thermen erweitert. Auch Erdbeben setzten dieser antiken Kurstätte im-

6 MERIAN Tipp

EIN ABEND IM KASTELL ODER AN ANTIKER STÄTTE F2

Zu den schönsten Sommererlebnissen gehören Theater-, Tanz- und Musikveranstaltungen unter dem Sternenhimmel. Dazu zählt auch die feierliche Deklamation des hippokratischen Eides auf Altgriechisch im Asklepieíon. ▸ S. 18

Das Asklepieíon von Kos (▸ MERIAN TopTen, S. 54) war eine von rund 300 Heilstätten im antiken Griechenland und unter diesen eine der bedeutsamsten.

mer wieder zu. So erschließt sich dem heutigen Besucher kein einheitliches Bild.

Die drei Terrassen sind durch von den italienischen Archäologen rekonstruierte Treppen miteinander verbunden. Man betritt die antike Anlage über die Fundamente eines monumentalen Torbaus (Propylon) aus dem 3. Jh. v. Chr. und gelangt auf die **Erste Terrasse**, wo hinter einem durch Säulen begrenzten Arkadenbau die Räume für Kranke und Pilger sowie die Badeanlage lagen. An der Stützmauer zum Hang hin waren in Nischen Statuen aufgestellt. Rechts der Treppe ließ der koische Arzt Gaius Stertinius Xenophon, ein Leibarzt des römischen Kaisers Claudius, einen kleinen Tempel für Asklepios und dessen Töchter Epione und Hygieia (griechisch »Gesundheit«) aufstellen, nur noch eine Inschrift weist heute darauf hin. Linker Hand füllt eine hübsche Brunnenanlage mit der Figur des Pan eine Nische aus.

7 MERIAN Tipp

EIN BESUCH IN PLATÁNI F 2

Kurz vor dem Asklepieíon liegt das Dorf Platáni. Die meisten der noch etwa 1500 Muslime auf Kos leben in diesem Ort, der eine Moschee und gleich zwei interessante Friedhöfe sowie geschätzte Lokale besitzt. ▸ S. 18

Eine monumentale Treppe führt zur **Zweiten Terrassse**, wo das älteste Gebäude des Heiligtums aus dem 4. Jh. v. Chr. stand: ein Altar, der dem Zyparissios Apoll geweiht war, dem Heiligen Gott der Künste im Zypressenhain. Der **Asklepios-Tempel** aus dem 3. Jh. v. Chr. ist an zwei wieder aufgestellten ionischen Säulen erkennbar. Er war in einen Pronaos (Vorhalle) und eine Cella (das Allerheiligste) aufgeteilt. Am **Altar des Asklepios** brachten Heilsuchende Tieropfer dar.

Dahinter sind Überreste einer Kassettendecke erkennbar und südlich davon eine halbkreisförmige Exedra mit Nischen und Sitzbänken. Inschriften und eine mit Granitplatten verkleidete Kammer verweisen auf den »Schatz des Tempels« – im Tempel wurden Geld und Votivgaben der Patienten aufbewahrt. Daran schlossen sich die Priesterwohnungen an, die über den Schatz wachten.

Die längste Treppe führt zur **Dritten Terrasse**, auf der der große dorische Asklepiostempel aus dem 2. Jh. v. Chr. stand, dem Vorbild in Epidauros auf der Peloponnes nachgebaut. Die hier oben untergebrachten Patienten genossen wie die heutigen Besucher den schönsten Ausblick der Anlage.

Später wurde der Tempel zu einer frühchristlichen Kirche umfunktioniert, ein kleiner Altar mit dem Kürzel ICXC für Jesus Christus beweist es. Wie die untere Ebene war auch diese von einer Säulenhalle umgeben. Ein kleiner Weg führt von der dritten Terrasse in den heiligen Wald Apolls, dessen Zypressen nicht gefällt werden durften. Wenn man von oben rechter Hand am Waldstück zurückläuft, stößt man auf das etwas versteckt liegende **Museum für antike Inschriften**.

4 km südwestl. von Kos-Stadt, tagsüber verkehren stündlich Busse • Juli–Okt. Di–So 8–19.30, Nov.–Juni Di–So 8.30–14.30 Uhr • Eintritt 4 €, Kinder 2 € • am schönsten ist der Besuch am späten Nachmittag

Psalídi und Embrós-Therme G 3

Fährt man von Kos-Stadt Richtung Osten, passiert man zunächst die vor einigen Jahren neu errichtete Marina mit hervorragender Infrastruktur und gelangt zum Vorort Psalídi, wo sich seit den 1970er-Jahren der Tourismus der Insel entwickelt. Mit dem Fahrrad lässt sich diese Gegend gut erkunden, aber erwarten Sie nicht zu viel: Das vor Kurzem noch hochgejubelte Biotop Psalídi Wetlands verödet, das dortige Dokumentationszentrum verrottet allmählich, weil die Mittel für Personal und Unterhalt fehlen. Ruhige Strandabschnitte sind rar, riesige Hotelkomplexe bestimmen die Landschaft.

Wer Ausdauer hat, schafft es mit dem Fahrrad bis zur schwefelhaltigen Embrós-Therme (13 km von Kos-Stadt), der einzigen auf Kos genutzten Thermalquelle. Aus einer Felsspalte fließt 49 °C heißes Heilwasser, das sich mit Meerwasser vermischt. In einer »Naturbadewanne« suchen vor allem Einheimische regelmäßig Linderung bei gynäkologischen und rheumatischen Beschwerden. Den Linienbus Nr. 5 von Kos-Stadt nutzen vornehmlich Touristen, sodass das Becken ab Mittag schnell voll ist. Besonders stimmungsvoll ist ein Bad am Abend, wenn die Sonne untergegangen ist.

FotoTipp

PLATÁNI

Der erste muslimische Friedhof von Platáni, von Kos kommend linker Hand an der Hauptstraße gelegen, bietet ein ungewöhnliches Motiv: Wie in einem Museumsdepot sind die Grabsteine eng aneinandergelehnt und gestapelt. ▸ S. 18

Ein Bad im schwefelhaltigen Wasser der Embros-Therme (▸ S. 57) macht nicht nur Spaß, sondern verschafft auch Linderung bei diversen Erkrankungen.

Die Nordküste

An der flachen Nordseite von Kos erstrecken sich scheinbar endlose Sandstrände. Mit dem Fahrrad lässt sich die Küste an einem Tag bequem erkunden.

◂ Wo einst Fischerboote lagen, breitet sich heute der traumhafte Strand von Marmári (▸ S. 62) aus.

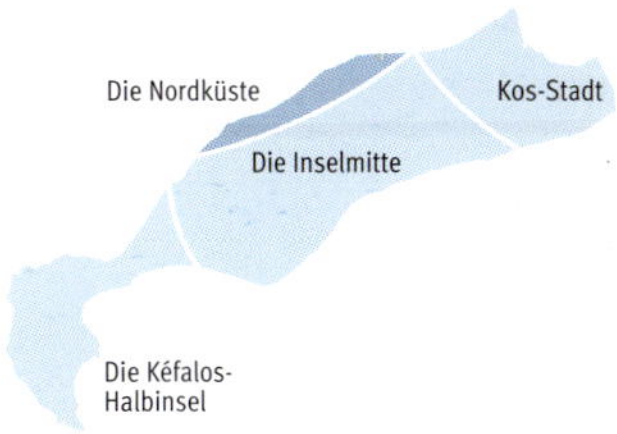

Weiße, kilometerlange Sandstrände sind der Trumpf der Nordküste von Kos. In den 1980er-Jahren haben das auch die Touristiker erkannt und mit dem Bau von großen Hotelanlagen an der damals nur spärlich besiedelten Küste begonnen. Die Bauern begriffen schnell, dass mit dem Verkauf eines Melonenackers oder dessen Umwidmung in eine Taverne mehr Geld zu erwirtschaften war als mit der mühsamen landwirtschaflichen Nutzung des Bodens. Nach und nach entstand so aus der Retorte eine perfekte Touristenhochburg, die aufgrund der guten Wasserqualität und der feinen Sandstrände immer noch geschätzt wird.
Ein Großteil der Touristen verbringt seine Ferien an der Nordküste, besonders Deutsche und Holländer, und fast alle kommen als Pauschalurlauber. Für jeden Geschmack und Geldbeutel ist etwas dabei: vom postmodernen Boutique-Hotel mit Spa bis zu einfachen Studios. Die Anlagen sind meist so weit auseinander gelegen bzw. so großzügig gestaltet, dass man vom nächstgelegenen Resort kaum etwas spürt.
Neuerdings entscheiden sich immer mehr Hotelmanager, die traditionelle Halbpension in ein All-Inclusive-Angebot umzuwandeln. Der Infrastruktur bekommt diese Entwicklung freilich nicht: Tavernen, Supermärkte und kleine Läden müssen schließen, weil viele Kunden ihren Urlaub ausschließlich innerhalb des Hotelkomplexes verbringen. Zudem sind die Hotelbetreiber aufgrund des enormen Preisdrucks gezwungen, bei der Entlohnung ihrer Mitarbeiter und der Qualität des Essens zu sparen – einen nachhaltigen Tourismus fördert man mit dieser Politik nicht.

Geben Sie Privatanbietern den Vorzug

Bei der Wahl seiner Unterkunft sollte man sich also genau über das Angebot informieren, ggf. auf All-Inclusive-Pakete verzichten und sich stattdessen besser in einer kleineren Pension oder in einem möblierten Apartment zur Selbstverpflegung einmieten. Denn es lohnt, einen Blick über den Tellerrand zu werfen, mit einem Leihwagen oder auf dem Drahtesel ein wenig weiter zu fahren und eine griechische Taverne auszuprobieren.
Die nähere Umgebung der flachen Nordküste erkundet man am einfachsten mit dem Fahrrad, das man bereits für 4 €/Tag mieten kann. Auf diese Weise entdeckt man vielleicht einen neuen Lieblingsstrand, etwas weiter vom Mainstream gelegen. Ebenso wird man schnell feststellen, dass das Hinterland trotz des Hotelbooms der vergangenen 35 Jahre immer noch agrarisch geprägt ist: Tomaten, Melonen, Auberginen, Paprika, Gurken, Trauben und Kürbisse gedeihen nach wie vor in koischer Erde, und auch Kühe, Esel und Ziegen sind kein seltener Anblick.

Schöner und teurer als im Aqua Blu (▶ S. 61) in Lámbi kann man auf Kos nicht übernachten. Neben mehreren Pools besticht ein außergewöhnlicher Spabereich.

Lámbi

G1

Die kleine Ortschaft gehört zu den Ausläufern des nordwestlichen Gebiets von Kos-Stadt und stellt eine ideale Urlaubsdestination für alle jene dar, die Ferien am Strand mit abendlichen Ausgängen in der Stadt verbringen möchten. Die nur 2 km lange Strecke von Lámbi in die Inselhauptstadt kann bequem mit dem Fahrrad auf eigens dafür angelegten Wegen oder sogar auf Inlineskates zurückgelegt werden. Der regelmäßig verkehrende Bus der Linie 2 pendelt zwischen den einzelnen Strandabschnitten und der Stadt.

Der lange, sandige und breite Strand lädt zu ausgedehnten Spaziergängen und zum Baden ein, schnell gelangt man außerhalb des Trubels und findet selbst im Sommer einsame Plätzchen unter schattenspendenden Tamarisken und am Abend den perfekten Platz zum Ausklang des Tages mit Blick auf die gegenüberliegende türkische Küste. Je weiter man sich von Kos entfernt, desto ruhiger wird es.

Wundern Sie sich nicht: Die Einheimischen nennen die Siedlung um den längsten Stadtstrand von Kos auch Nea Alikarnassós, Neu-Halikarnassós. Der Hintergrund: Nach dem Vertrag von Lausanne aus dem Jahr 1923 wurde ein Bevölkerungsaustausch zwischen der Türkei und Griechenland vorgenommen. Die seit Jahrtausenden an der kleinasiatischen Küste siedelnden Griechen (etwa 1,3 Mio. türkische Staatsbürger griechisch-orthodoxen Glaubens) wurden damals gezwungen, ihre Heimat zu verlassen, und gründeten überall in Griechenland Orte, die an ihren früheren Wohnsitz erinnerten, meist mit dem Zusatz »Nea = neu« davor. Nea Alikarnassós ist also nichts anderes als »Neu-Bodrum«.

Obwohl die Insel Kos in jenen Jahren italienisch besetzt war, hat sie griechische Flüchtlinge aus Kleinasien aufgenommen. In umgekehrter Richtung konnten die türkischstämmigen Bewohner ihren Status als italienische Staatsbürger behalten und auf Kos bleiben – sie sind die Vorfahren der heutigen türkischsprechenden, muslimischen Bewohner der Insel.

ÜBERNACHTEN

Aqua Blu Boutique Hotel & Spa

Puristisch-elegant • Der neue Komplex zeichnet sich durch modernes, schickes Design und ausgezeichneten Service aus. Um zum ruhigen Strand zu gelangen, muss man nur die Straße überqueren, von dort bietet sich ein herrlicher Blick auf die türkische Küste und die umliegenden Inseln. Das Hotel gehört zu den »small luxury hotels of the world« und bietet großzügige Zimmer und Suiten (ab 30 qm), einen Innen- und Außenpool sowie ein türkisches Hamam, Fitnesscenter und Spabereich mit verschiedenen Anwendungen (Gesichtsbehandlung, Massagen, Hydrotherapie).

Lámbi Beach • Tel. 2 24 20-2 24 40 • www.aquabluhotel.gr • 53 Zimmer und Suiten • ♿ • €€€€

Diamond de Luxe

Nur für Erwachsenene • Gar nicht weit vom Aqua Blu hat sich ein weiteres Hotel der Luxusklasse am Strand von Lámbi etabliert. Fast alle Zimmer und Suiten sind mit extra großen Betten (»king size«) und Parkettboden ausgestattet und ermöglichen den Gästen einen privaten Zugang von der Sonnenterrasse zum 2000 qm großen Pool. Der Mazarin Luxury Health Club verwöhnt anspruchsvolle Kunden.

Lámbi-Beach • Tel. 2 24 20-4 88 35 • www.diamondhotel.gr • 110 Zi • ♿ • €€€€

Alice Springs Hotel

Gastfreundschaft down under • Etwa 300 m vom Strand entfernt und mitten in der Ausgehzone von Lámbi bietet dieses familiengeführte, traditionsreiche Haus zweckmäßig eingerichtete Apartments mit Zimmerservice, außerdem ein paar Doppelzimmer. Die griechische Familie ist seit 1980 von einem über 20-jährigen Arbeitsaufenthalt in Australien zurück und kümmert sich rührend um jeden Gast. Am Abend speist man direkt am Swimmingpool – griechisches »kléftiko« wie Aussie-Steak.

Olympias • Tel. 2 24 20-2 34 73 • www.alicespringshotel.com • 44 Zimmer • €€

AM ABEND

Café Harem

Eine orientalisch geprägte Bar mit niedrigen Tischen, an denen man sich, auf Kissen gebettet, niederlässt, um die Shisha, die süßlich-aromatische Wasserpfeife, zu rauchen. Oder wollen Sie lieber zum Rhythmus der internationalen Charts tanzen?

Odós Avérof 32 • tgl. ab Mittag geöffnet, bis der letzte Gast geht

Dancing Club Heaven und Tropical Island

Die zwei benachbarten Diskotheken am Strand von Lámbi bieten griechischen und internationalen Pop und ein tolles Interieur.

Zouroúdi Antigónis • im Sommer geöffnet, bis der letzte Gast geht

Mylos Beach Bar

Tagsüber ein lauschiges Plätzchen mit gemütlichen Holzbänken, in denen man in einem Kissenmeer versinkt, und nur ein paar Meter von einem ruhigen Strandabschnitt entfernt, verwandelt sich die Bar am Abend in einen Hotspot mit guter, manchmal zu lauter Musik, schmackhaftem Essen und perfekt gemixten Cocktails. Wer den Drink lieber mit den Füßen im Wasser einnimmt, lässt sich im Liegestuhl direkt am Meer nieder und klingelt die Kellner mit der Vorrichtung an den Sonnenschirmen heran. Die vielhundertjährige, bougainvilleaumrankte Windmühle gab der Bar ihren Namen.

An der Hauptstraße vor dem Atlantis-Hotel rechts abbiegen oder direkt an der Küste den Hinweisschildern folgen • Tel. 2 24 20-2 32 35 • www.mylosbeachbar.com • Mai–Sept. ab 9 Uhr bis früh morgens

Marmári

E 2

180 Einwohner (im Sommer)

Der kleine Ort, der im Winter völlig ausgestorben ist, besteht im Grunde nur aus einer langen Straße, an der sich verschiedene Hotels, Geschäfte und Lokale angesiedelt haben. Die Hauptattraktion ist natürlich der lange, flache Sandstrand mit Dünenbänken, der das Herz von kleinen und großen Wasserratten höher schlagen lässt.

Tretboote, Kanus, Wasserski ... Wassersportlern wird es bestimmt nicht langweilig. Der für die Ägäis bekannte Nordwind Meltémi bläst auch in Marmári, das in der Winddüse gegenüber der Nachbarinsel Pserimos liegt, und schafft ideale Voraussetzungen für Anfänger auf dem Brett wie für geübte Wind- und Kitesurfer. Auch wenn es kein gewachsenes Dorf gibt, so kann man doch lange Strandspaziergänge unternehmen. Mit der Verständigung gibt es kaum Probleme: In Marmári hat man sich auf deutsche Urlauber eingestellt.

ÜBERNACHTEN

Caravia Beach

Für Aktive • Das Sport- und Badehotel ist mit mehreren Tennisplätzen, einem Volleyball-Court einem breiten, professionell betriebenen Wassersportangebot ideal für den anspruchsvollen Aktivurlaub. Die kleinen Gäste können sich an der Minigolfanlage mit Papa messen oder auch vom breiten Animationsprogramm profitieren.

1 km östl. von Marmári • Tel. 2 24 20-4 12 91 • www.caraviabeach.gr • 212 Zimmer, 82 Bungalows • €€€€

Captain's Studios

Familiär-entspannend • In einem prachtvollen Garten liegt diese familiengeführte, einfache, aber sympathische, kleine Apartmentanlage mit Studios für zwei bis vier Personen, die der ehemalige Tankerkapitän Nikitas Foudoulakis Ende der 80er Jahre, natürlich direkt am Meer, errichtete. Sie ist ideal für Familien, die sich zwischendurch auch selbst versorgen möchten.

Am westl. Strandabschnitt • Mai–Okt. • Tel. 2 24 20-4 14 31 • http://captain-nik.tripod.com • 4 Zimmer, 8 Apartments • €€

ESSEN UND TRINKEN

Stavros

Beliebt bei Stammgästen • Ausgezeichnete »orektiká« (Vorspeisen) und traditionelle griechische Küche

(z. B. Moussaká und Gegrilltes), die Zutaten liefern die Bauern der Region. Wer ein spezielles Gericht möchte (z. B. einen bestimmten Fisch oder Zicklein im Ofen), kann dieses am Vortag bestellen.
Beim Hotel Marmári Beach •
Tel. 69 97 05 58 18 • Mai–Okt. • €

AM ABEND

Bar Image

Wer sich für aktuelle griechische Musik begeistert und nicht nur für touristische Alexis-Sorbas-Dudelei ist hier richtig. Allerdings erst ab Mitternacht, dann mischen sich Einheimische unter das Publikum.
Am Kreisverkehr in Strandnähe

SERVICE

VERKEHR

Bus von Kos-Stadt über Tigáki tgl. ca. 7-mal, einfache Fahrt 2 €.

Mastichári

C3

ca. 400 Einwohner

Im Gegensatz zu den beiden Nachbarorten kann Mastichári auf eine lange Siedlungsgeschichte zurückblicken: Reste des früheren Handelshafens von Andimáchia und die noch sichtbaren Ruinen einer frühchristlichen Kirche zeugen davon. Das heutige Örtchen ist erst wieder seit 1933 bewohnt, nachdem sich Einwohner aus dem vom Erdbeben zerstörten Andimáchia hier niedergelassen hatten.

Das Leben im Ortskern ist überschaubar, der Tagesrhythmus wird von den ankommenden und abfahrenden Ausflugsbooten und Fähren bestimmt. Immerhin sorgt der kleine Hafen das ganze Jahr über für Durchgangsverkehr: Von hier starten in der Saison die Tagesausflüge nach Psérimos, Kálymnos und Pláti.

Hippocrates Garden (► S. 64) ist der originalgetreue Nachbau einer griechischen Siedlung des 5. Jh. v. Chr. und Schauplatz von Veranstaltungen, Kursen und Festen.

Zwischen Kálymnos und Mastichári verkehrt außerdem zweimal täglich die deutlich günstigere Fähre – zumindest bei ruhiger See. Sie ist für die Bewohner von Kálymnos das wichtigste Verkehrsmittel, um nach Kos auf der kürzesten Strecke überzusetzen, und für Touristen die mit Abstand günstigste Möglichkeit, einen Tagesausflug von Kos nach Kálymnos zu unternehmen (▸ Ausflüge, S. 100).
Während im Ortskern von Mastichári private Apartmenthäuser überwiegen, haben sich entlang der Strände in westlicher und östlicher Richtung größere Hotelkomplexe niedergelassen.

SEHENSWERTES

Ágios Ioánnis

Vom Hafen führt ein hübscher, asphaltierter kleiner Weg, der am Abend sogar beleuchtet wird, nach Westen, immer parallel zum Meer und den mit Seelilien und Stecheichen bewachsenen Dünen. Kurz vor dem Euro Village Achilleas Hotel liegt linker Hand die Ruine einer frühchristlichen, dreischiffigen Basilika, die ca. 20 x 15 m maß.
Marmorsäulen unterteilen die Kirche in drei Schiffe und einen Narthex. Die Apsis und ein kreuzförmiges Taufbecken, in das auch erwachsene Täuflinge hinuntersteigen konnten, sind gut erkennbar, ebenso einige Bodenmosaiken und Inschriften, so sie nicht aus konservatorischen Gründen bedeckt sind. Die Basilika wird um das Jahr 500 datiert und wurde vom italienischen Archäologen Orlando ab 1947 ausgegraben.
Ca. 2 km westl. des Hafens, frei zugänglich

Hippocrates Garden

Ein Paar hat sich ganz dem Erbe des berühmtesten Sohns der Insel Kos und Vater der Medizin verschrieben und eine antike Siedlung, wie sie zur Zeit des Hippokrates bestanden haben könnte, nachgebaut. Dazu gehören die Nachbauten eines antiken, zweigeschossigen griechischen Hauses (»oikos«), das aus den Steinen der Umgebung erbaut wurde, eines 100 Personen fassenden Theaters, welches für Tanz-, Theater- und Musikveranstaltungen genutzt wird, eines dem Apoll geweihten Altars sowie einer Wandelhalle für philosophische Diskussionen. Ein kleines Museum rundet die gepflegte Anlage, in der Lavendel, Thymian und Rosmarin ebenso wie Reben und Zedern gedeihen, ab.
Für koische Schulklassen gehört eine Exkursion zum Garten des Hippokrates mittlerweile zum Pflichtprogramm. Für ausländische Besucher ist der Garten noch eher ein Geheimtipp, sie verirren sich vergleichsweise selten hierher. Dabei gibt es viel zu entdecken und zu lernen: Kurse zur Herstellung von Stein- und Kieselmosaiken, Seminare über antike Botanik und Einführungen in die griechische Philosophie. Ebenso können Töpfer-, Mal- und Kochkurse belegt werden. Auf dem Gelände wird auch biologisch erzeugtes Obst und Gemüse angebaut und verarbeitet sowie der rote Biowein »Eros« erzeugt (Hofverkauf).
6 km westl. von Mastichári bzw. zwischen dem Flughafen und dem Elektrizitätswerk der Insel • Tel. 2 24 20-5 92 97 • www.hippocratesgarden.gr • Mai–Okt. tgl. 10–20 Uhr • Eintritt 5 €, Seminare ab 15 €

Das Neptune Hotel Resort (▶ S. 65) bei Mastichári erstreckt sich über sage und schreibe 150 000 qm und hat sich vor allem auf Familien eingestellt.

ÜBERNACHTEN

Neptune Hotel Resort

Für Familien- und Aktivurlaub • Inmitten einer mit Skulpturen aus der griechischen Mythologie des Allgäuer Bildhauers Peter Müller üppig dekorierten riesigen Anlage liegen weit verstreut fünf Innen- und Außenpools, mehrere Bars und Restaurants sowie die einzelnen Bungalowkomplexe. Ein umfangreiches Sportangebot (Tennis, Squash, Minigolf, Windsurfen, Beachvolleyball) und ein Wellness-Bereich gehören zu den Annehmlichkeiten dieses beliebten Hotels. Kinder zwischen 4 und 12 Jahren erwartet im Neptune Kids Adventure Club ein abwechslungsreiches Programm mit Kinderbüffet und Kinderdisco.

5 km östl. von Mastichári • Tel. 2 24 20-5 89 00 • www.neptune.gr • 570 Zimmer, Suiten und Apartments • ♿ • €€€€

ESSEN UND TRINKEN

Kalí Kardiá

Viele Stammgäste • Das Restaurant »Gutes Herz« ist seit mittlerweile 60 Jahren der Treffpunkt der Fischer und Rucksacktouristen auf dem Weg nach Kálymnos. Es versorgt all jene, deren Schiff später ausläuft als geplant, denn von hier hat man den Hafen komplett im Blick, und die Bushaltestelle ist auch nicht weit. Vom ausgiebigen Frühstück, über einen guten Mittagstisch, einen kleinen »Oúzo me mezé« am Nachmittag bis hin zum ausgezeichneten Fischmenü am Abend wird alles aufgetischt, was dem Gast gefällt. Der Wirt hat stets den aktuellen Fahrplan und gibt zuverlässige Prognosen über das Auslaufen der Schiffe.

Hafen, direkt beim Kreisverkehr • Tel. 2 24 20-5 92 89 • tgl. bis spätabends • €€

Ó Mákis

Ausgezeichneter Fisch • Dorade, Schwertfisch, Rote Brasse, Tintenfisch und Sepia: Hier dreht sich alles um fangfrischen Fisch, aber auch Fleischliebhaber und Vegetarier bleiben nicht hungrig. Die Portionen sind üppig, das Preis-Leistungs-Verhältnis stimmt.

In Hafennähe • Tel. 2 24 20-5 90 61 • tgl. 10–24 Uhr • €€

8 MERIAN Tipp

APLO BEACH BAR

Dies ist der perfekte Ort, um in den Tag mit einem frisch gepressten Orangensaft zu starten, am Nachmittag einen Kaffee zu genießen und den Abend mit einem Sundowner zu beschließen – immer mit Blick aufs Meer. ▸ S. 19

Taverne Traditional Greek House

Wie bei Muttern • Wie schmeckt selbstgebackenes Brot, frischer Joghurt und das Gemüse der Region? Bei Wirt Sávas kann man es ausprobieren und in die Kochtöpfe in der Küche schauen. Täglich wechselnde Tagesgerichte zu günstigen Preisen. Kinder freuen sich über einen kleinen Spielplatz.

Nördl. des Hafens am westl. Strand • Tel. 2 24 20-5 91 58 • www.traditional houserestaurant.com • April–Okt. • €

EINKAUFEN

Ira & Pia

Eine Griechin und eine Deutsche haben sich zusammengetan und verkaufen Silberschmuck, Ikonen und Kunsthandwerk in zwei kleinen gegenüberliegenden Geschäften.

Unweit des Hafens • tgl. 10–22 Uhr

Schwämme vom Spezialisten

Täglich nimmt Herr Sakellaris von der Insel Kálymnos am Morgen die Fähre nach Kos und bietet direkt am Hafen von Mastichári seine Schwämme an, bis er gegen Abend zurückfährt. 45 Jahre lang hat er als Schwammtaucher sein Leben riskiert, stach von seiner Heimat aus in See. Heute bessert sich der freundliche alte Mann seine bescheidene Rente durch den Verkauf von Schwämmen und Muscheln auf. Die Muscheln könnten allerdings beim heimatlichen Zoll unangenehm auffallen – lassen Sie also besser die Finger davon.

Am Hafen, gegenüber dem Restaurant Kalí Kardiá

AM ABEND

Number One

Bei Mythos-Bier oder Cocktails tanzt man in der ältesten Bar des Ortes zur Musik der 1960er- bis 1990er-Jahre.

Ortsmitte • in der Saison tgl. ab 20 Uhr

SERVICE

VERKEHR

In der Saison verkehrt der Bus mindestens 9-mal täglich zwischen Kos-Stadt und Flughafen und hält dabei auch am Hafen von Mastichári. Die Fahrzeit beträgt etwa 30 Min., das Ticket kostet einfach 2,90 €. Vom kleinen Hafen verkehrt in der Saison mindestens 3-mal täglich die Fähre »Olympios Zeus« nach Póthia, dem Hauptort der Insel Kálymnos (www.anemferries.gr). Die 45-minütige Schiffspassage kostet pro Strecke 5 €, Kinder 3 €, für den Pkw werden 17 € fällig. Bei starkem Wind bleibt die Fähre allerdings im Hafen, und man läuft Gefahr, nicht mehr zurückzukommen. Es empfiehlt sich daher, am Vortag auf die Wetterprognose zu achten. Die Tickets können am Abfahrtstag am Tickethäuschen direkt am Hafen erworben werden. Die »ANEK Kalýmnou« bedient die Strecke Póthia-Mastichári ebenfalls, mit etwas schnelleren Verbindungen. Auskünfte erteilt das Restaurant Kalí Kardiá oder das Internet unter www.anekalymnou.gr.

Tigaki

E 2

ca. 250 Einwohner

Wie Marmári ist auch dieser Ort, der manchmal auch »Tigkaki« transkribiert und »Tingaki« ausgesprochen wird, erst in den 1980er-Jahren als reine Feriensiedlung entstanden. Er gehört zur Gemeinde Asfendiou und zieht sich an einem langen, schönen Sandstrand entlang, an dem einige Tamarisken Schatten spenden. Das Wasser ist klar und sauber, mehrfach wurde der Strand mit der Blauen Flagge ausgezeichnet. Das touristische Leben konzentriert sich auf die am Strand liegende Promenade und die Richtung Inselhauptstraße führende Stichstraße.

Obwohl sich im Sommer die Einwohnerzahl verzehnfacht, verläuft das touristische Leben geradezu beschaulich, die einzelnen Resorts halten gebührend Abstand voneinander und sind großzügig angelegt. Von Tigaki kann man mit dem Fahrrad bequem in einer guten Stunde nach Kos-Stadt radeln und das agrarisch geprägte Hinterland erkunden.

SEHENSWERTES

Salzsee Alikes

Nur wenige Meter vom Kreisverkehr in Tigaki entfernt, befindet man sich in einer völlig anderen Welt: Wer den Salzsee umrundet, entdeckt ab dem Spätsommer ein Naturparadies

Mojito oder Bier gefällig? Das Strandleben in Tigaki (▸ S. 67) kann mit allem aufwarten, was aktive und passive Urlauber zu schätzen wissen.

Seit die Salzproduktion eingestellt wurde, finden sich im Alikes-Salzsee (▸ S. 67) bei Tigaki wieder Flamingos ein, um hier zu überwintern.

mit Watvögeln und Flamingos, die hier ein Winterquartier finden. Bis in die 1990er-Jahre wurden in der Saline bis zu 20 000 t Salz pro Jahr produziert. Zwei ehemalige Maschinenhäuser, Zuflussrinnen, mit denen man die einströmende Menge an Meerwasser regulierte, und die Reste früherer Salzpfannen, also künstlicher Absetzbecken, zeugen davon. Als die Salzproduktion nicht mehr rentabel war, eroberte die Natur verlorenes Terrain zurück.
Immer wieder diskutieren Kommunalpolitiker über die Nutzung des Naturschutzgebietes, in dem jegliche Bautätigkeit untersagt ist, als ornithologische Beobachtungsstation und Biotop. Jetzt bietet sich der See und seine Umgebung für schöne Spaziergänge oder auch einen Ausritt auf den Pferden von Giorgos Veroutas an (▸ S. 32).

ÜBERNACHTEN

Irina Beach

Abseits vom Trubel • Die 1995 errichtete Hotel- und Apartmentanlage liegt, von Kos kommend, am ersten Strandabschnitt von Tigaki

mitten im Grünen und direkt am Meer. Wunderschöner großer Außenpool mit Liegeplätzen unter hohen Bäumen.
Tel. 2 24 20-6 98 50 • www.irina beachhotel.com • 46 Zimmer und Studios mit Küchenzeile • Mitte Mai–Mitte Okt. • €–€€

Tropical Sol

Gutes Preis-Leistungs-Verhältnis • Die gepflegte Anlage im Retro-Look liegt direkt an der Stichstraße, wenige Minuten vom Meer entfernt. Riesiger Außenpool. Die Geschwister Nikos und Maria kümmern sich herzlich um das Wohl aller Gäste.
Tel. 2 24 20-6 93 42 • www.tropical sol.gr • 120 Zimmer • Mai–Okt. • €

ESSEN UND TRINKEN

Viele Restaurants schließen, weil immer mehr Gäste All-Inclusive-Angebote nutzen oder sich mit Fast Food an der Promenade zufrieden geben. Die folgenden Tavernen trotzen mit Erfolg diesem Trend und sind auch ein beliebtes Ziel für Einheimische, die von der ganzen Insel hierherkommen:

Plóri

Alteingesessene Taverne • Wirt Michalis serviert ausgezeichnete griechische Küche wie »stifádo« (Kaninchen- oder Rindergulasch), gegrillte Rotbarben oder Spaghetti mit Meeresfrüchten. Das Gemüse stammt aus dem eigenen Garten. Das Lokal liegt direkt am Wasser, einem langen, romantischen Abend steht also nichts im Wege.
100 m westl. des Kreisverkehrs • Tel. 2 24 20-6 96 86 • http://taverna plori.yolasite.com • tgl. bis spät abends • €€

Alikes

Breites Angebot • Nahe am Salzsee bietet diese Taverne solide griechische Küche zu erstaunlich günstigen Preisen: ausgezeichnete »jemistá« (mit Reis und Kräutern gefüllte Tomaten, Paprika und Zucchini), gegrillter Oktopus und Salate. Die freundliche Bedienung spricht auch Deutsch.
Am Kreisverkehr Richtung Salzsee • Tel. 2 24 20-6 95 77 • tgl. bis spät abends, im Winter nur am Wochenende geöffnet • €

To Ampéli

Urig • Mitten zwischen Weinstöcken (»ampélia«) liegt dieses familiäre Gut, in dem seit Jahren im riesigen Garten unter der schattenspendenden Pergola Leckeres aufgetischt wird. Wein und Gemüse stammen aus dem eigenen Anbau. Ein romantischer Ort, an dem man gerne viele Stunden verbringt. Am Wochenende kommen viele Einheimische aus Kos-Stadt, um deftiges Lamm zu kosten.
Am Ortsausgang von Tigáki Richtung Kos-Stadt, ca. 250 m hinter dem Hotel Byron geht rechts ein kleiner Weg ab (beschildert) • Tel. 2 24 20-6 96 82 • www.ampelirestaurant.gr • €

SERVICE

VERKEHR

Täglich häufige Busverbindung nach Kos-Stadt, mit dem Fahrrad fährt man die Strecke etwa in 1 Std. Das Reisebüro Tigáki Tours ist auf Exkursionen auf Kos und zu den Nachbarinseln spezialisiert und organisiert zudem den Fahrrad- und Autoverleih.
Am Kreisverkehr • Tel. 2 24 20-6 99 94 • www.tigakitours.gr

Die Inselmitte

Wer Abwechslung vom Strand sucht, macht sich auf ins Hinterland. Pittoreske Bergdörfer und ein gewaltiges verlassenes Kastell sind lohnende Ziele.

◄ Weit reicht der Blick von der Ritterburg von Andimáchia (► MERIAN TopTen, S. 72).

Sonne, lange Strände, ein sauberes Meer, eine weite Hügellandschaft und die Díkeos-Gebirgskette: Das ist die Inselmitte von Kos! Im Südwesten locken die berühmtesten Sandstrände der Insel, die zu ausgiebigen Spaziergängen einladen und, von wenigen Stellen abgesehen, weitgehend unverbaut geblieben sind. Ebenso weitläufig ist die **Ritterburg von Andimáchia**, deren dicke Wehrmauern in der untergehenden Sonne fast unwirklich scheinen. Im Dorf Andimáchia ist noch eine über 250 Jahre alte Windmühle in Betrieb und kann besichtigt werden.

Kardámena bietet zwar keine Sehenswürdigkeiten, aber Strandvergnügen, Diskotheken und jede Menge Remmidemmi. Das Gebirge lädt zu herrlichen Spaziergängen und Bummel durch hübsche Dörfer ein. Ein Klassiker: der Sonnenuntergang im Bergdorf Ziá.

Andimáchia D 3

2200 Einwohner

Das Zentrum des antiken »Antimachidon« ist heute eine dichtbevölkerte, immer noch sehr von der Landwirtschaft geprägte Gegend, 140 m über dem Meer auf einem Hochplateau gelegen. Rund um Andimáchia gedeihen Oliven, Getreide, Gemüse und Obst.

Hier liegt auch der internationale Flughafen »Hippokrates« der Insel Kos. Fast alle Besucher der Insel kommen hier an und fliegen von hier auch wieder ab – ohne das Dorf zu würdigen. Dabei hat Andimáchia gleich mehrere Sehenswürdigkeiten,

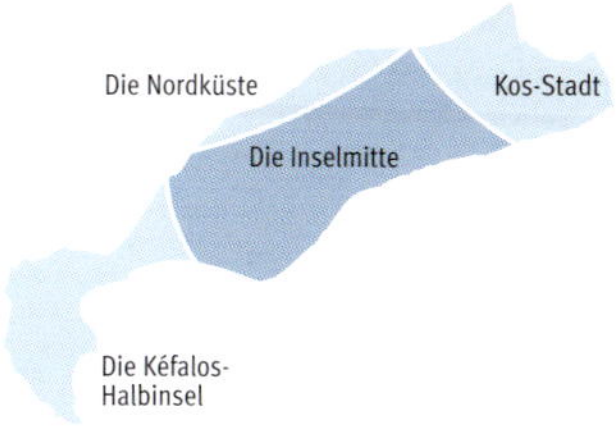

die einen Besuch lohnen. Traditionelle Kafenéia und einfache Läden bestimmen das Ortsbild.

SEHENSWERTES

Traditional House

Das schöne, aus Naturstein erbaute Haus wurde vor 25 Jahren vom örtlichen Kulturverein errichtet, um das Andenken an frühere Lebensweisen der einheimischen Bevölkerung zu bewahren. Das ist nicht nur für Volkskundler und koische Schulkinder interessant, sondern auch für Touristen. Das traditionelle Wohnhaus bietet in vier Räumen anthentische Einblicke in das Leben der koischen Bevölkerung bis in die 60er-Jahre des vergangenen Jahrhunderts, ein Leben, das noch ganz von der Landwirtschaft bestimmt war. Zu sehen sind Ackerwerkzeug, ein Heuboden, ein Webstuhl und Trachten, die heute nur noch bei Folkloreveranstaltungen getragen werden. Was wir heute als pittoresk empfinden, bedeutete für die meisten Menschen damals Armut. Viele träumten von einem besseren Leben und zogen die Emigration vor.

Dorfplatz • tgl. 9–mindestens 16 Uhr • Eintritt 1,50 €

Windmühle

Über 250 Jahre ist sie alt und seit ihrer Renovierung ein wahrhaftiges Schmuckstück für den Dorfplatz:

1886 gab es auf Kos 75 Windmühlen, in denen Korn gemahlen wurde. Die Gemeinde von Andimáchia lieferte einst Mehl in alle Bäckereien der Insel. Nur diese eine Mühle ist auf der Insel übrig geblieben, sie wurde in langjähriger Arbeit renoviert und ist wieder voll funktionsfähig. Eine Mühle dieser Art konnte täglich 700 kg Mehl produzieren, in der Zeit der deutschen Besatzung bewahrte sie Menschen vor dem Hungertod, gleichzeitig musste sie der Wehrmacht Mehl liefern.

Typisch für diese Art der Segelwindmühle ist der zylindrische Mühlenkörper und eine spitz zulaufende Dachkonstruktion. Der Clou dabei: Das Dach ist drehbar, sodass immer Korn gemahlen werden konnte, selbst wenn der Wind drehte. Die Dreieckssegel der Flügel können je nach Windstärke ausgebreitet oder zusammengefaltet werden. Im Inneren sieht man auf drei Ebenen nicht nur den Mühlstein, das Befüllungsrohr und den Dachstuhl, sondern auch die Wohnstätte des Müllers, der in der Mühle lebte.

Dorfplatz • unregelmäßige Öffnungszeiten • Eintritt 2,50 €, Kinder 1 €

Ziele in der Umgebung

◎ Ritterburg von Andimáchia ★5 D 3

Der Bau der Burg geht auf den zweiten Großmeister des Johanniterordens mit Sitz in Rhodos zurück, Helion de Villeneuve, der um 1340 die Burg wohl auf einem venezianischen Vorgängerbau errichten ließ. Mit großer Wahrscheinlichkeit wurde die Burg vom 15. Großmeister des Johanniterordens in Rhodos, **Pierre d'Aubusson**, Ende des 15. Jh. nach einem Erdbeben noch einmal aufgebaut. Sein Wappen mit Kardinalshut und Kreuz prangt direkt über dem Eingangstor des inneren Burgrings.

Während der Herrschaftszeit der Johanniter (auch Hospitaliter genannt) auf Rhodos von 1302–1522 errichtete der Ritterorden wegen der osmanischen Bedrohung massive Verteidigungsburgen. Einer der fleißigsten Baumeister war Pierre d'Aubusson, dem von Papst Innozenz VIII. 1486 die Kardinalswürde verliehen worden war. Nach der mehrmonatigen Belagerung der Festung Rhodos durch eine 10 000 Mann starke Flotte der Osmanen im Jahr 1480 war es dem mehrfach schwer verletzten d'Aubusson mit der Unterstützung einer europäischen Koalition gelungen, als Sieger hervorzugehen und die Osmanen zum Rückzug zu bewegen. D'Aubusson wurde danach in der christlichen Welt als Held gefeiert und als »Schild des Christentums« bezeichnet.

Die unmittelbare Konsequenz aus dieser Erfahrung war die Errichtung weiterer militärischer Ankerplätze auch auf den Nachbarinseln: Rund um Rhodos wurde ein Verteidigungsring errichtet, der den Johannitern die Kontrolle über den Seeweg ermöglichte und die Hoffnung hochhielt, das Heilige Land vielleicht sogar rückerobern zu können. In diesem Zusammenhang ist das Kastell von Andimáchia als Ergänzung zum **Kastell Nerántzia** ★2 in Kos-Stadt zu sehen, das die Nordostpassage zwischen Kos und der kleinasiatischen Küste kontrollierte. Von hier aus konnte sowohl das Innere der Insel als auch die Südküste überwacht werden. Die gute strategische

Das Traditional House (▶ S. 71) – der Nachbau eines Bauernhauses – zeigt, wie man in ländlichen Gegenden wie Andimáchia bis Anfang des 20. Jh. lebte.

Lage erklärt auch, weshalb die Burg nach dem Erdbeben von 1493 so schnell wiederaufgebaut wurde. In Ermangelung antiker Stätten und dementsprechend vorgefertigten Baumaterials wurde die Festung aus Naturstein erbaut, ähnlich wie das Kastell in Rhodos.

Die Johanniter nutzten die Burg bis zum Ende ihrer Herrschaft. Bis ins Jahr 1520, zwei Jahre vor der osmanischen Eroberung von Rhodos, haben sich Wappen im Gemäuer des Kastells erhalten. Aber auch nach der osmanischen Eroberung blieb die Burg noch 300 Jahre bewohnt. Bis ins Revolutionsjahr 1821 lebten hier griechisch-orthodoxe Christen mit osmanischen Muslimen innerhalb der Burgmauern. Nach dem Aufstand vertrieben die Türken die christlichen Bewohner, die daraufhin Andimáchia und Kardámena gründeten.

Der Grundriss der Burg entspricht einem unregelmäßigen Viereck. Von außen wirkt das Kastell mit seinen zinnenbekrönten Mauern und Rundbastionen uneinnehmbar, im Inneren zeigen sich die Verbauungen und Verwüstungen durch Erdbeben und Angriffe während der letzten 500 Jahre. Jetzt erobert sich die Natur nach und nach das Terrain zurück: Zwischen Affodill und Disteln huschen Eidechsen als einzige ständige Bewohner durch die Mauerreste. Die Weitläufigkeit des Burginneren verrät auch, dass hier einst eine Siedlung bestand und ausreichend Platz vorhanden war, um die gesamte Bevölkerung aus der näheren Umgebung im Fall eines Angriffs aufzunehmen.

Zwei Kapellen sind noch zu besichtigen: die einschiffige **Ágios Nikólaos** mit stark beschädigten Fresken aus dem 16. Jh., die den hl. Christophoros zeigen. Drei Ritterwappen, darunter jenes des letzten Ordensmeisters von Rhodos, Fabrizio Carretto, mit der Jahreszahl 1520 schmücken den Eingang. Etwas weiter liegt die ebenfalls einschiffige Kapelle der **Ágia Paraskeví**. Paraskeví wird als Märtyerin besonders von Menschen, die an Augenkrankheiten leiden, verehrt, denn ihr wurden einst die Augen ausgestochen. Aus diesem Grund findet man häufig kleine Silberplättchen mit Augen als Votivgaben an der Ikonostase. Von der Südseite der Anlage schweift der Blick über die Erosionstäler, Olivenhaine und die fruchtbare Küstenebene nach Kardámena und hinüber zur Insel Níssyros (▸ S. 102).

Am Kreisverkehr in Andimáchia den Schildern Richtung Kos-Stadt folgen. Auf dem Inselhighway nach der Abzweigung nach Mastichári nach 700 m rechts abbiegen • frei zugänglich

Evangelístria G 2

370 Einwohner

Die Siedlung gehört zur Gemeinde Asfendíou und erhielt ihren Namen von der Maria geweihten, 1910 erbauten Kirche. Die Wandmalereien sind jüngeren Datums, sie stammen aus den letzten 30 Jahren. Sie zeigen vor allem Szenen aus dem Leben der Muttergottes, die in der Orthodoxie besonders verehrt wird.

Das Dorf geht, nur durch einen kleinen, im Sommer trockenen Gebirgsbach getrennt, in den Ort Asómatos über. Die Einwohnerzahl hatte im letzten Jahrhundert durch Epidemien, Landflucht und Emigration rapide abgenommen, das Nachbardorf, Ágios Dimitríos, war sogar ganz verlassen worden. Doch lang-

Tagsüber geht es im kleinen Hafen von Kardámena (▸ S. 75) ruhig zu. Das ändert sich am Abend, wenn hier bis spät in die Nacht gegessen und getrunken wird.

sam kehrt das Leben zurück: Alte Häuser werden liebevoll renoviert, Kafenéia eröffnen, und im »Geisterdorf« Ágios Dimítrios wird die Erinnerung an die Vergangenheit sogar durch ein kleines Museum gewahrt.

ESSEN UND TRINKEN

Taverna Asfendíou

Hähnchen vom offenen Grill • Gleich neben der Kirche liegt diese einfache Taverne, die sich auf Geflügel spezialisiert hat, aber auch einige anderen Speisen bietet.

Hauptplatz • Tel. 2 24 20-6 86 79 • April–Okt. • €

Kardámena

D 4

1800 Einwohner

Vom einstigen Fischerort ist nicht mehr viel zu spüren. Kardámena zeigt sich heute als reiner Urlaubsort an einem kilometerlangen Sandstrand mit zahlreichen touristischen Einrichtungen und lebhaftem Nachtleben, das besonders von englischer und osteuropäischer Kundschaft geschätzt wird. In den Sommermonaten, wenn sich die Einwohnerzahl locker verzehnfacht, existiert eine Fährverbindung zur gegenüberliegenden Vulkaninsel Níssyros (▸ S. 102), die unbedingt einen Besuch wert ist. Hübsch ist die von Palmen gesäumte Uferpromenade mit zahlreichen Cafés, von denen man einen Blick auf die kleinen Kaikis und Ausflugsboote hat.

Wenige Urlauber wissen, dass sich an der Stelle des heutigen Orts die antike Siedlung Alasarna mit zweistöckigen Wohnhäusern, einem Theater und einer Kultstätte erstreckte, die seit 1985 von Archäologen der Universität Athen erforscht wird. Ein Gebäude aus hellenistischer Zeit sowie eine ausgedehnte Siedlung aus der römischen und frühchristlichen Epoche wurden entdeckt.

ÜBERNACHTEN

Olympia Mare

Direkt am Wasser • Abseits vom Trubel bietet sich diese familiäre Apartmentanlage am Strand für einen ruhigen Urlaub mit Kindern an. Die großzügigen Apartments mit Kitchenette eignen sich für die Selbstversorgung, in Hängematten am baumbestandenen Strand kann man die Seele baumeln lassen. Für die perfekte Organisation des Urlaubs seiner ausschließlich aus Individualreisenden bestehenden Klientel sorgt der sympathische Inhaber Nikos Katsilis.

1,6 km westl. vom Ort • Tel. 2 24 20-9 17 11 • www.olympiamare.com • 21 Apartments • €€

ESSEN UND TRINKEN

Die meisten Tavernen haben sich dem Geschmack ihrer jungen britischen Kundschaft angepasst und bieten Fast Food, allerdings auch ein üppiges englisches Frühstück. Rühmliche Ausnahmen sind:

Avlí

Romantisch • Avlí heißt Hof, und besonders am Abend ist der Innenhof dieses altes Steinhauses ein romantisches Plätzchen mit guter Küche, einer ordentlichen Weinkarte und aufmerksamem Service.

Hauptplatz • Tel. 2 24 20-9 21 00 • tgl. ab 17 Uhr • €€

O dáskalos

Kafeneio nach traditioneller Art • Von der Pergola ranken die Weintrauben, auf den blauen Holzstühlen

genießt man einen späten Drink und wundert sich nicht, dass hier auch Griechen sitzen.
28is Oktovriou

AM ABEND

Um den kleinen Hafen reihen sich mehrere Bars, Cafés und Tanzflächen, von überall dröhnt laute Musik. Ein Dauerbrenner ist die Starlight Disco am nördlichen Ortsrand, die z. B. mit Schaumpartys für ausgelassene Stimmung sorgt.

SERVICE

VERKEHR

Anfahrt mit dem Bus von Kos-Stadt oder vom Flughafen. Ausflugsboote verkehren zum Paradise Beach, nach Níssyros und von dort weiter nach Tílos.

AKTIVITÄTEN

Küstenwanderung zum Paradise Beach

Die 13 km lange Wanderung führt in westlicher Richtung immer am Strand entlang. Studieren Sie den Fahrplan bzw. fragen Sie in der Rezeption, wenn Sie mit dem Bus zurückkommen wollen. Veranschlagen Sie inklusive Badepausen etwa 5 Std. und denken Sie an ausreichenden Sonnenschutz und Wasser.
Zunächst läuft man an der parallel zum Ufer verlaufenden Straße Richtung Westen, später direkt am Strand. Badepausen bieten sich überall an. Am Kap Ágios Nikólaos wird ein Leuchtturm sichtbar. Da man die meiste Zeit im Sand läuft und immer wieder einsinkt, ist die Wanderung nicht zu unterschätzen. Unterwegs passiert man den Robinson Club Daidalos, wo die Gäste mit einem Schrägaufzug zum Meer gebracht werden. Kurz dahinter wird es wieder ruhiger. Felsvorsprünge zwingen manchmal zu einem kleinen Abstecher ins Landesinnere, das Meer aber bleibt der Wegweiser.
Am Ende hat man die Qual der Wahl: Welcher Strand ist der schönste? Das Ende des Spaziergangs ist am Paradise Beach erreicht, wo ein ausgiebiges Bad die Anstrengung vergessen macht. Von der Hauptstraße oberhalb des Strandes gelangt man mit dem Bus oder per Autostop wieder zurück nach Kardámena.

Rundwanderung zur Ritterburg

Die leichte Wanderung dauert etwa 3 Std., inklusive der Besichtigung der Burg, sollte jedoch in den Sommermonaten wegen der großen Hitze nur am Nachmittag oder sehr zeitig am Morgen unternommen werden. Ausreichend Wasser und eine Kopfbedeckung sind unabdingbar. Die Wanderung führt durch die von der Erosion geprägten Täler zum riesigen Kastell von Andimáchia und zurück. Der Höhenunterschied beträgt 120 m.
Man verlässt Kardámena in nordöstlicher Richtung auf der Odós Dodekanísou und stößt auf den Friedhof mit seiner Kapelle. Diesen lässt man links liegen und läuft noch ca. 10 Min. auf dem Weg weiter, bis rechts ein gut erkennbarer, mit Natursteinen gepflasterter Wanderweg auftaucht. Er wurde durch EU-Fördergelder finanziert und führt in etwa 1 Std. hinauf zum Kastell. Grundsätzlich ist er auch mit dem Mountainbike befahrbar.
Die Burg ist ständig frei zugänglich, das Tickethäuschen steht zwar noch, doch kommen zu wenige Besucher

hierher, als dass sich die Anstellung von Personal lohnen würde. Oben wird man mit einem weiten Blick auf die Täler, den Ort Kardámena, das Meer und die Insel Níssyros belohnt. Zurück geht es zunächst auf der großen Zufahrtsstraße von der Burg weg, bis nach 100 m rechter Hand ein Feldweg in das Erosionstal hinabführt. An der Kapelle Ágios Fílippos führt der Weg Richtung Küste hinab und trifft nach ca. 1 km auf eine Kreuzung mit drei Straßen. Man biegt in die rechte ein und gelangt an der nächsten Abzweigung links zur Küste und in den Ortsteil Liá. Rechter Hand breitet sich wieder Kardámena aus.

Lagoúdi

E3

ca. 100 Einwohner

Das urige Dorf lohnt einen Halt, da hier förmlich die Zeit stehen geblieben ist. Fast überdimensioniert wirkt die Kirche **Zoodóchos Pigís**, geweiht der Muttergottes als lebenspendende Quelle. Im Inneren zeigt eine Wandmalerei auf der rechten Seite den Oberkörper der Gottesmutter, der aus einem Taufbeckenkelch herausragt. Aus dem oberen Kelchteil fließen die Wasserstrahlen – die Ströme des Paradieses – in das untere Becken. Könige, Bischöfe und das Volk schöpfen daraus – und werden geheilt. Das lebensspendende Wasser (»ájiasma«) spielt auf Taufe, Weihwasser und Wasserweihe an.

ESSEN UND TRINKEN

Taverna Koniario

Gemütlich • Abseits von den touristischen Wegen liegt dieses urige Restaurant mit seinen handbemalten Holztischen und -stühlen. Auf der Speiseplatte stehen Köstlichkeiten

Ein Besuch in Lagoúdi (► S. 77) sollte auch der dortigen Marienkirche gelten, wo Wandmalereien Szenen aus dem Leben der Muttergottes zeigen.

wie Weinkäse-Saganaki, Fleisch vom Holzkohlengrill und Kapernsalat – alles aus biologischer Erzeugung und mit Leib und Seele zubereitet. Ausgezeichnet ist der Salat des Hauses mit Weinkäse und grünen Bohnen. Der Koch und Inhaber hat zudem immer gute Ausflugstipps parat und hält im Hof einen halben Zoo: Kaninchen, allerlei Vogelgetier, Esel und Hunde. Ein Spaß für die ganze Familie!
An der Straße zwischen Amaniou und Lagoudi • Tel. 69 46 78 05 27

Die Bus Stop Gallery (▸ S. 79) ist weit über Pilí hinaus bekannt.

Pilí

E3

2400 Einwohner

Der langgestreckte Ort besteht im Grunde aus zwei Siedlungen: der unteren (»Káto Pilí«) und der oberen (»Páno Pilí«). Seit der Antike ist die Gegend besiedelt, wie das Grabmal des Charmýlos beweist.

SEHENSWERTES

Alter Brunnen

Als das Wasser noch nicht aus der Leitung kam, war dieser Brunnen das Kafeneío von Pilí: Alle Neuigkeiten wurden hier ausgetauscht. Der Brunnen ist viele Jahrhunderte alt, die dekorativen Löwenköpfe eine Zutat aus italienischer Zeit. Ein Platz zum Verweilen.
100 m westl. vom Hauptplatz

Charmyleion

Es handelt sich um eine Familiengrabstätte eines reichen koischen Geschlechts aus hellenistischer Zeit. Zu sehen ist eine halbkreisförmige Grabanlage mit zwölf Grabnischen, je sechs an einer Seite, die den zwölf Göttern und dem Helden der Familie der Charmyleioi geweiht war. Der Zugang ist leider durch einen Zaun abgesperrt. Über dem Grab erhebt sich die kleine Kirche des hl. Kreuzes, teils mit Spolien und Inschriften der antiken Grabanlage versehen.
Ca. 700 m östl. der Plateía

Paradosiakó Spíti

Das weit über 100 Jahre alte Haus fungiert als kleines Volkskundemuseum und gibt einen Einblick in das karge Leben der Dorfbewohner von früher.
Plateía • meist nur am Abend geöffnet

ESSEN UND TRINKEN

Taverna Palaia Pigí

An der Quelle • Souvláki, Grillplatte, Tzatziki oder auch nur einen erfrischenden Frappé, serviert unterm Feigenbaum. Mehr braucht man nicht, romantischer geht es nicht.
Am alten Brunnen • Tel. 2 24 20-4 16 59 • tgl. ab 10 Uhr • €€

EINKAUFEN

Bus Stop Gallery

Der österreichische Maler Kurt Hlavacek, der mit seinem Künstlernamen Sol signiert, und seine charmante holländische Gattin Nel verkaufen Acryl- und Ölgemälde, Skulpturen, Schmuck und Keramik, auch von griechischen Künstlern. Eine zweite Galerie unterhält das Paar in Marmári neben dem Artemis-Hotel.

An der Bushaltestelle, etwas unterhalb der Platía • www.busstopgallery.gr • im Sommer 10–21 Uhr

Remko & Ria

Das holländische Künstlerpaar wohnt seit bald 40 Jahren in Pilí und verkauft in den beiden Geschäften an der Platéia Schmuck, Aquarelle, Radierungen und Kunsthandwerk.

Tgl. 10–21 Uhr

SERVICE

VERKEHR

Busse von und nach Kos-Stadt ca. 4-mal tgl.

Ziele in der Umgebung

◎ Paléo Pilí (Alt-Pilí) 6

E 3

Am einfachsten ist die Anfahrt mit dem eigenen Fahrzeug von Lagoúdi zur kleinen Kirche Ágios Vassílios, wo man parken kann. Von hier läuft man oberhalb der Kirche rechts (das Schild weist freilich nach links) den Steinpfad hinauf. Kurz darauf spendet ein kleiner Kiefernwald Schatten, rechter Hand plätschert bis zum Frühsommer ein Bach. Der Aufstieg wird durch fantastische Ausblicke und unvergessliche Eindrücke belohnt. Nach etwa 800 m gelangt man Paléo Pilí.

Das alte Pilí, dessen Siedlungsspuren bis in die Antike zurückreichen, wird von einem in byzantinischer Zeit errichteten Kastell dominiert. Der Kaiser Alexios Komninos I. überließ es 1080 dem Mönch und später heilig gesprochenen Christodoulos, der daneben das Kloster der Gottesgebärerin (»Theotokos ton Kastrianon«) gründete. Christodoulos tauschte es später gegen das einsame Kloster von Patmos ein.

FotoTipp

TRAUMBLICK

Beim Abstieg von der Burg können Sie die flache Nordseite der Insel samt Meer im gewölbten Bogen einfangen. Ein Traumblick! ▸ S. 79

Die Burg diente immer wieder als Zufluchtsort der Bevölkerung, lebte während der Herrschaft der Johanniter (deren Wappen noch erhalten sind) auf und war auch noch unter den Osmanen bewohnt. Erst eine Choleraepidemie zwang die Bewohner des alten Dorfes 1830 in die Flucht – sie ließen sich etwas weiter bergabwärts nieder und bauten sich in (Neu-)Pilí neue Existenzen auf. Zurück blieben ihre Häuser, Geschäfte, zwei Kirchen, die Burg und die Abtei, die allesamt nach und nach verfielen. Seit bald 200 Jahren erobert die Natur die Siedlung zurück, nur Ziegen und das Denkmalamt sorgen dafür, dass nicht alles überwuchert. Heute läuft der erstaunte Besucher weitgehend durch eine Geisterstadt. Von den Ruinen der Burg hat man eine großartige Aussicht über den flachen Nordteil von Kos bis zum Alikes-Salzsee.

Im originell gestalteten Café Oria am Felsen kann man bei kleinen Gerichten und Getränken herrlich rasten. Feste Schuhe und Trinkwasser sind unabdingbar. In der Hochsaison werden auch Busausflüge nach Paléo Pilí organisiert, dann ist es am späten Nachmittag am schönsten.
Länge 2,5 km • Höhenunterschied 150 m • reine Laufzeit 1,5 Std. • Café Oria tgl. 9–21 Uhr

ESSEN UND TRINKEN

Oria

Eremiten-Lage • Auf dem Felsen gegenüber dem Kastell hat Giórgos ein Café eingerichtet, in dem es manchmal auch kleine Gerichte gibt. Man fragt, was es gibt, was nicht schwerfällt, denn der Wirt spricht Deutsch. Um das Oria zu finden, genügt es, der Musik zu folgen – schließlich befindet man sich in einer Geisterstadt.
tgl. 9–21 Uhr • Tel. 69 74 49 88 43

Ziá

E 3

ca. 150 Einwohner

Auf ganz Kos wird Werbung gemacht für dieses malerische Dorf, dessen Charakter man erst erkennt, wenn alle Touristenbusse über die steile Serpentinenstraße wieder abgefahren sind.

Im oberen Teil haben sich einige schmucke Häuser erhalten, die meisten Besucher haben allerdings nur Augen für die zahlreichen Souvenirläden, in denen griechische (und chinesische) Handarbeiten, eingekochte Früchte, Tonwaren, Lederwaren und Kräuter aus aller Welt in allen Sprachen angepriesen werden. Bei den von zahlreichen Touristenbüros angepriesenen »typical Greek nights« handelt es sich eher um seichte touristische Folkloreshows, auf die man getrost verzichten kann. Ziá ist Ausgangspunkt zum Aufstieg auf den höchsten Gipfel der Insel, den 846 m hohen Díkeos (▸ S. 98).

SEHENSWERTES

Moní ton Spondon

Das ehemalige »Kloster der Opfergaben« liegt am Berg und wurde laut Überlieferung im 11. Jh. vom hl. Christodoulos gegründet. Später wurde es verbaut. Auch die Kapelle Isodia tis Theotokou war ein Teil des weit verstreuten Klosters.
Oberer Ortsteil

ESSEN UND TRINKEN

Oromédon

Authentische griechische Küche • Hier kommen auch Griechen her – was besonders in Ziá als Qualitätsgarantie zu bewerten ist.
Unterer Ortsteil • Tel. 2 24 20-6 99 83 • www.oromedon.com • im Sommer tgl. bis spät abends • €€

Watermill Café

An einer renovierten, über 200 Jahre alten Wassermühle genießt man Kaffee und Süßes mit Panoramablick, bevorzugt zum Sonnenuntergang.
Am Fußweg Richtung oberer Ortsteil • tgl. 9 Uhr–abends • €

SERVICE

VERKEHR

Tgl. 3-mal Busverbindung (Fahrzeit ca. 40 Min.) von Kos-Stadt via Zipári und Evangelístria.

Zipári

E 2

ca. 3200 Einwohner

Die Inselhauptstraße führt mitten durch die Ortschaft, die von den Be-

Wer im Díkeos-Gebirge bei Paléo Pilí (▶ MERIAN TopTen, S. 79) eine Wanderung unternimmt, hat einen schönen Blick auf die Reste einer byzantinischen Festung.

wohnern der Bergdörfer vor 80 Jahren erstmals besiedelt wurde. Hier lagen die Äcker der Bergdörfer, und drumherum ist es bis heute so. Die meisten Bewohner pendeln heute zur Arbeit in die umliegenden Hotels oder nach Kos-Stadt. Der Baugrund ist günstiger als in der Inselhauptstadt, deshalb haben sich viele Familien hier angesiedelt, andere bebauen das geerbte Grundstück.

SEHENSWERTES

Etwas außerhalb verweisen braune Hinweisschilder auf die Reste mehrerer sehr alter Kirchen und Basiliken, in denen antike Spolien verbaut wurden:

Ágios Ioánnis

Die Kapelle aus dem 16. Jh. liegt heute auf dem Gelände eines Bauernhofs, besuchen kann man sie dennoch.

Von Kos-Stadt kommend, noch vor Zipári auf der rechten Seite

Basilika Ágios Pávlos

Mit 21,6 x 15 m war dies eine recht große, dreischiffige Basilika mit Holzdach. Sie stammt aus frühchristlicher Zeit und wies Mosaiken und ein kreuzförmiges Taufbecken auf. Die Mauern des Baptisteriums aus unbearbeitetem Stein sind fast noch in ursprünglicher Höhe erhalten, der Boden ist mit weißen Platten gepflastert.

Ca. 500 m nach der EKO-Tankstelle führt ein Schotterweg links vor der Brücke zur Ruine

Basilika Kapáma

Eine dreischiffige Basilika aus frühchristlicher Zeit mit Apsis und großem, kreuzförmigen Taufbecken.

An der Straße Richtung Asfendíou linker Hand

Die Kéfalos-Halbinsel

Der wilde Westen von Kos bietet noch ganz unberührte Natur. Einsame Strände, kleine Kapellen und Macchia bestimmen das Landschaftsbild.

◂ Der Paradise Beach bei Kamári (▸ S. 84) ist ein Traumstrand, was sich aber längst herumgesprochen hat.

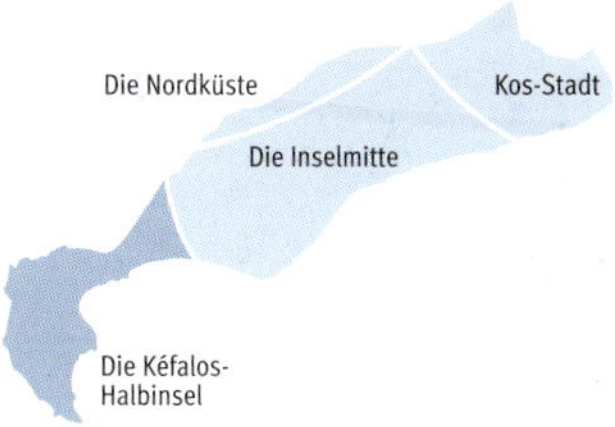

Auf in den wilden Westen von Kos, auf die **Kéfalos-Halbinsel** 7! Für die ausführliche Erkundung des westlichsten Teils der Insel benötigt man ein Auto oder zumindest ein Motorrad oder Moped und sollte einen ganzen Tag veranschlagen. Kéfalos bedeutet »Kopf«, »Haupt«, und betrachtet man die Silhouette der Insel von der östlichsten Seite, so könnte man tatsächlich einen Vogelkopf erkennen, dessen Schnabelspitze das **Kap Krikélos** bildet. Andere bezeichnen die Halbinsel als »Schafskopf«.

Sicher ist: Auf der Halbinsel entdeckten Archäologen die ältesten Siedlungsspuren von Kos, die bis ins Neolithikum zurückreichen. Noch zur Zeit des Hippokrates bildete die Gegend um das antike Astypalaía die Inselhauptstadt, bevor diese 366 v. Chr. an die Nordostküste an die Stelle der heutigen Stadt Kos verlegt wurde. Auf einer Rundfahrt auf der von Touristenmassen verschonten Halbinsel verbinden sich Geschichte, archäologische Sehenswürdigkeiten, unverbaute Natur, kleine Buchten, windumtoste Küsten, schroffe Felsen und sanfte Hügel zu einem schönen Urlaubserlebnis.

Geübte Surfer aus der ganzen Welt finden ideale Bedingungen in der **Bucht von Kéfalos**, Sonnenanbeter zieht es an die **Strände östlich von Kamári** 8, Wanderer erfreuen sich im Frühjahr am Blumenteppich, der sich zwischen den zahlreichen blau-weiß gestrichenen Kapellen erstreckt. Auch wenn diese keine kunsthistorischen Highlights bieten, sind sie doch Ausdruck tiefer Frömmigkeit und echte »eye-catcher«. Die meist einschiffigen, tonnengewölbten Kapellen bestehen fast alle nur aus einer Ikonostase mit Ikonen, an denen Votivgaben in Form von Silberplättchen hängen, die das kranke Körperteil darstellen: Die Gläubigen bitten damit um die Linderung ihrer Leiden bei der Muttergottes.

Gute Restaurants, einsame Strände

Auch Feinschmecker kommen nicht zu kurz: Zwei der besten Restaurants der Insel mit Traumblicken über das Meer warten darauf, erprobt zu werden, und der schon in der Antike gepriesene Thymianhonig stammt aus der Hügellandschaft nahe dem Kirchlein **Ágios Ioánnis Thymianós** südlich von Kéfalos.

Und schließlich findet man auf der Kéfalos-Halbinsel die einsamsten Strände von ganz Kos. Doch Vorsicht, häufig ist die Brandung sehr stark, schwimmen Sie also nie weit hinaus. Heftigen Wellengang garantiert das **Kap Kata** mit seinem dünenbesetzten Sandstrand. Bei **Ágios Theológos** gibt es Sand- und Kieselstrände, vor allem ist dies ein Eldorado für Surfer. Der **Cavo Paradise Beach** ist der abgelegenste Strand, hierher verirren sich nur wenige Besucher. Und nicht alle, die zum Strand von **Limniónas** fahren, wollen auch schwimmen: Manch einem genügt die tolle Aussicht und der ausgezeichnete Fisch in der gleichnamigen Taverne.

Kamári

B 5

150 Einwohner

Als die Bewohner von Kéfalos noch ausschließlich von der Landwirtschaft und der Fischerei lebten, diente die an der großen Bucht gelegene Ortschaft als Hafen und Umschlagplatz. Heute stellt der Tourismus den Hauptwirtschaftszweig dar, und unverkennbar ist Kamári mit seinem 2 km langen feinen Sandstrand, der sich zwischen den Stadtteilen Kámbos/Ágios Stéfanos und dem westlichsten Ende der Bucht erstreckt, das touristische Zentrum auf der Kéfalos-Halbinsel.

Von Hektik und Rummel ist hier allerdings auch in der Hochsaison nichts zu spüren, es kommen erholungsbedürftige Gäste, die die privat angebotenen Studios und kleineren Hotels, aber auch ausgedehnte Spaziergänge zu den weitläufigen Stränden weiter östlich 8 schätzen. Für Kinder ist der leicht abfallende Strand perfekt zum Planschen. Die Kulisse mit der vorgelagerten Insel **Kastri** ist ein beliebtes Fotomotiv. Am Westende ankern Dutzende von Fischerbooten und kleine Jachten.

SEHENSWERTES

Ágios Stéfanos

Es handelt sich um die vom italienischen Archäologen Luciano Laurenzi 1932 freigelegten Ruinen einer ab dem 5. Jh. errichteten frühchristlichen Doppelbasilika, die malerisch direkt am Meer liegt: Zwei dreischiffige Kirchen, die nördliche mit Narthex und Atrium versehen, nutzten ein gemeinsames, kreuzförmiges Taufbecken. Beide Basiliken waren reich mit Bodenmosaiken ausgestattet, die geometrische Motive ebenso wie Vögel darstellten. Einige Reste sind noch erkennbar, so sie nicht zum Schutz mit Kies und Stoffen verdeckt sind. Ein Teil der Forschung vermutet, dass einst eine Brücke das Festland mit der Insel Kastri verband.

Von der Inselhauptstraße kommend, linker Hand vor Kamári beim seit einigen Jahren stillgelegten Club Méditerranée • frei zugänglich

Mikri Vasilikí Kamaríou

Nicht so fotogen wie die Ruinen der Basilika Ágios Stéfanos, zeugen die Fundamente dieser frühchristlichen kleinen Kirche mit ein paar Säulenresten und Mosaiken von der geschichtlichen Bedeutung des Ortes: Christliche Gotteshäuser entstanden fast immer dort, wo einst heidnische Kultorte, in diesem Fall hellenistische und römische, standen – auch, um die Dominanz des neuen christlichen Glaubens zu beweisen. Die Tatsache, dass sich an der Bucht gleich mehrere frühchristliche Kirchen befinden, weist auf eine außerordentliche frühchristliche Siedlung hin, die vom Ertrag des Handelshafens von Kéfalos im 5. Jh. profitierte. Erdbeben und die Ankunft der Araber 654 beendeten diese Epoche.

Am westl. Ende der Bucht oberhalb der Taverne Fáros der Straße landeinwärts folgen und zweimal links abbiegen • frei zugänglich

ÜBERNACHTEN

Royal Bay

Moderne Anlage • Lange haben die Besitzer ausgeharrt, bis sie die Lizenz

Im Gegensatz zu den Stränden im Norden und Osten ist Kamári (▶ S. 84) ein ruhiger Urlaubsort mit überwiegend privat geführten Betrieben.

zum Weiterbauen erhielten, da beim Bauen Reste eines antiken Hafens entdeckt wurden. Aber das Ergebnis kann sich sehen lassen und fügt sich mit seiner diskreten Eleganz gut in die Landschaft ein. Die Betten sind mit COCO-MAT-Matratzen aus reinen Naturmaterialien wie Kokosfasern, Rosshaar und Naturkautschuk ausgestattet, ein himmlischer Schlaf ist garantiert. Ausgezeichneter Service, geräumige Zimmer.
Hauptstraße • Tel. 2 24 20-7 13 12 • www.royalbay.gr • 45 Zimmer • €€€

Kordistos

Familiäres Strandhotel • Obwohl direkt am Strand gelegen, können sich Kinder auch am großen Pool vergnügen. Die Zimmer sind sauber, die meisten haben Meerblick. Vom hoteleigenen Restaurant genießt man den Blick aufs Meer. Ganz in der Nähe befindet sich eine Windsurfingschule, mit der das Hotel kooperiert.
Nähe Ágios Stéfanos • Tel. 2 24 20-7 12 51 • www.kordistoshotel.com • 38 Zimmer, 2 Apartments • ♿ • €€

Kos Island Studios

Familiengeführt • Für Familien mit kleinen Kindern zur Selbstversorgung geeignet, ein Frühstück wird angeboten. Die Apartments sind sauber, verfügen über eine Kochnische sowie einen Kühlschrank und sind mit Geschirr ausgestattet.
300 m vom Strand • Tel. 69 77 66 24 57 • 8 Apartments • €

Albatros Studios

Meerblick garantiert • Sympathische Anlage für Selbstversorger mit Pool an der Uferpromenade. Zum langen Sandstrand muss man nur die Straße überqueren. Sehr sauber, alle Studios mit Meerblick.

Ca. 100 m vor der Taverne Fáros • Tel. 22 4 20-7 19 81 • 10 Apartments • €

ESSEN UND TRINKEN

Fáros

Alteingessene Taverne • Zügige Bedienung, große Auswahl, reichliche Portionen und günstige Preise. Neben Fleischgerichten wie Zicklein im Ofen (aus eigener Zucht) oder Kaninchen-Stifádo wird auch frischer Fisch angeboten. Auch das Gemüse stammt aus eigenem Anbau.

Anlegestelle am westlichen Ende der Bucht • €

Stamatía

Direkt am Meer • Das Olivenöl stammt aus eigener Produktion, wahrscheinlich schmecken die Gerichte deshalb so lecker. Von der Terrasse schaut man auf den Strand.

An der Anlegestelle für die Ausflugsboote • Tel. 2 24 20-7 12 45 • tgl. ab 11 Uhr • €€

SERVICE

VERKEHR

Nach Kos-Stadt (42 km) fährt der Bus in der Saison 3-mal tgl. und braucht dafür etwa 1 Std. Vom Hafen bestehen 2-mal wöchentlich Fährverbindungen nach Níssyros (hin und zurück ca. 20 €).

Ziele in der Umgebung

◎ Insel Kástri B 4

Kaum ein Kos-Reiseführer, der das beliebte Fotomotiv nicht abbildet: das kleine, von der Kapelle des hl. Nikolaus, dem Beschützer der Seefahrer und Fischer, bekrönte Inselchen ist das I-Tüpfelchen in der großen Bucht von Kéfalos. Meist ist die Kapelle verschlossen, aber ein Be-

Zur kleinen Insel Kástri (▸ S. 86) gelangt man schwimmend, watend oder paddelnd. SIe liegt nur knapp 100 m vom Ufer entfernt.

such der Insel lohnt aufgrund der herrlichen Rundsicht immer: Nur 90 m ist Kástri vom Festland entfernt, auch ungeübte Schwimmer können im klaren Wasser schnell hinüberschwimmen bzw. -waten.

◎ Strände östlich von Kamári ★8 B 5

An der Südseite der Landenge liegen einige der schönsten Strände von Kos. Kilometerlanger weißer Sandstrand mit kleinen Buchten sorgt für unbeschwertes Badevergnügen und eignet sich für ausgedehnte Spaziergänge. Zu den einzelnen Strandabschnitten führen Stichstraßen von der Inselhauptstraße. Sie sind im Kapitel »Sport und Strände« (▸ S. 30) beschrieben.

ÜBERNACHTEN

Pura Vida Resort Lagoon Village

Neues Fünfsterne-Resort • Urlaub im eigenen Rhythmus, das ist Programm der Pura-Vida-Resorts: Wer mag, schläft einfach lange und genießt dennoch ein ausgiebiges Frühstücksbüffet speziell für Spätaufsteher. Entspannung pur bieten Yogakurse und kuschelige Bali-Betten, für das leibliche Wohl sorgen sieben Restaurants. Kinder können unter professioneller Anleitung im Hochseilgarten turnen und im Aquapark planschen.

10 km östl. von Kéfalos • Tel. +49-28 42-88 42 25 • www.bluelagoonvillage.de • 366 Zimmer und Suiten • €€€€

Robinson Club Daidalos

Professioneller Cluburlaub • In spektakulärer Hanglage wurde auf der Klippe ein gigantisches Feriendorf errichtet, das für alle Altersgruppen Erholung, Sport und Unterhaltung bietet. Zwei Pools, Sauna, Fitness, Disco, Tavernen, Geschäfte und eine Bühne gehören zur 20 Hektar großen Anlage, ein umfangreiches Sportprogramm sorgt für ausreichend Bewegung. Die Gäste werden per Schrägaufzug an den Strand transportiert.

Am Kap Chelónas, 16 km östl. von Kamári • Tel. 2 24 20-9 15 27 • www.robinson.com • 268 Zimmer • Mai–Ende Okt. • €€€

FotoTipp

KÁSTRI MIT SÄULEN

Treten Sie am Strand von Kamári bei Ágios Stéfanos etwas hinter die Bäume. Zwischen den Stämmen können Sie sowohl ein paar wieder aufgerichtete Säulenstümpfe aus Marmor und Granit wie auch das vorgelagerte Inselchen aufs Bild bannen. ▸ S. 86

ESSEN UND TRINKEN

Taverne Katerína

Familiär-entspannend • Katerína ist inselweit bekannt für ihren ausgezeichneten Fisch. Daneben werden aber auch einfache, schmackhafte Gerichte der griechischen Küche angeboten. Das Brot stammt aus der eigenen Backstube.

Kurz vor dem Strand von Ágios Stéfanos, oberhalb des Camel Beach • Tel. 2 24 20-7 15 13 • tgl. bis 22 Uhr • €€

Kéfalos B 5

2100 Einwohner

Der Ort liegt erhöht auf einem mächtigen Plateau am Berg Zini und hat sich aufgrund der Distanz zum geschäftigen Treiben der nah gelegenen Strände eine gewisse Beschau-

Den Beinamen Thymianós trägt das Kloster Ágios Ioánnis (► S. 90) nicht von ungefähr – die Luft hier ist erfüllt vom würzigen Duft des Thymians.

lichkeit bewahrt. Wer die 1 km lange steile Serpentinenstraße von der Küste hinauffährt, lässt das touristische Kos hinter sich und begibt sich in eine völlig andere Welt. Wenige Privatzimmer und Apartments werden angeboten, ansonsten ist die einheimische Bevölkerung besonders am Abend unter sich, wenn die letzten Tagestouristen wieder in ihre Hotels zurückgekehrt sind. Dennoch haben sich die Tavernen natürlich auch auf ausländische Besucher eingestellt.

SEHENSWERTES

Burgruine von Kéfalos

Auf dem felsigen Hügel erhob sich, von Weitem schon erkennbar, eine massive Wehranlage, die der Bevölkerung bei Piratenangriffen zum Schutz reichte. Für die Johanniter, die das Kastell errichteten, war es die westliche christliche Bastion der Insel. Hierher flohen die Menschen, als die Osmanen erstmals im Jahr 1457 die Insel angriffen. Bis zur osmanischen Eroberung sollten noch fast 70 Jahre vergehen. Nach der endgültigen Vertreibung der Ritter durch die Osmanen ließ der von Istanbul aus regierende Sultan Suleiman die Burg erweitern. Heute sind nur noch Reste erkennbar, deren Besichtigung vor allem wegen des grandiosen Blicks auf die Bucht lohnt. Etwas weiter an der Straße hinauf schaut man auf die für die Gegend so typischen Höhlen, die einst bewohnt waren. Einige sind zu Lagerräumen oder Ziegenställen umfunktioniert worden.

Oberhalb des Parkplatzes

Isódia tis Panagías

Der Vizekönig der osmanischen Provinz Ägypten, Ismail Pascha, besuchte die Insel Kos im Jahr 1873

und stiftete Geld für den Bau der Kirche, die ganz mit Wandmalereien im byzantinischen Stil verziert ist.
Hauptgasse

Traditionelles Wohnhaus
Handarbeiten, Keramik, Möbel und Geräte aus der Landwirtschaft geben einen Einblick in den Alltag des koischen Lebens zu Beginn des 20. Jh. Die alte Dame, die das 150 Jahre alte Steinhaus bewacht, in dem es selbst im August noch angenehm kühl ist, bessert ihre karge Rente durch eine kleine Spende auf.
Etwas weiter oberhalb sieht man die stark verfallene, einst malerische sog. Windmühle des Papavasíli, die schon vor 30 Jahren ihren Betrieb eingestellt hat. An ihre Stelle sind längst die effizienteren Windkraftanlagen getreten, in die seit Jahren investiert wird.
Nördlicher Ortsausgang, unterhalb der Windmühle • tgl. 9–mindestens 13.30 Uhr

ÜBERNACHTEN

Hotel Hermes
Zimmer mit Aussicht • Die Hanglage zwischen Kamári und Kéfalos garantiert die beste Aussicht, auch vom Restaurant, auf die weite Bucht. Schöner Pool. Beide Orte sind von hier gut zu Fuß erreichbar. Dennoch ist zumindest ein Scooter für die Erkundung der Gegend unerlässlich.
An der Straße zwischen Kámbos und Kéfalos • Tel. 2 24 20-7 11 02 • www.kefalos.com/hermes • 70 Zimmer • €€

ESSEN UND TRINKEN

Megálos Mýlos (große Mühle)
Ein deutsches Paar hat sich einen Traum erfüllt und eine Windmühle zum gemütlichen Café umgebaut. Jetzt wird unter der Pergola im üppig blühenden Garten Kaffee und selbstgebackener Kuchen serviert: Apfelstreuselkuchen, Käsekuchen, aber auch griechische Spezialitäten und koischen Wein kann man auf den typischen blauen Holzstühlen in herrlichem Ambiente kosten.
Zwischen Limniónas und Kéfalos • Tel. 2 24 20-7 15 42 • bis Anf. Nov. Do–Di 10.30–18 Uhr • €€

9 MERIAN Tipp

RESTAURANT ÁGIOS THEOLÓGOS A 5
Gegrillter Oktopus oder Kléftiko von Ziege oder Lamm? Hier kann man Stunden verharren, staunend und genießend, bis die rote Sonne im Meer versinkt. ▸ S. 19

EINKAUFEN

Mélissa
Mélissa ist das griechische Wort für Biene, und um die dreht sich alles bei der Familie Anthouli: Neben dem klassischen Thymianhonig, werden in dritter Generation auch Pinienhonig, Gesichtscremes, ein Honiglikör (»melomeni«) und Kräuter in dem hübschen Geschäft vertrieben.
Im Zentrum • die Inhaberin, Dionysia Anthouli, zeigt bei Interesse auch gerne die Imkerei

Thymianhonig – die Spezialität der Kéfalos-Halbinsel
Die Imkerfamilie von Jannis Papavasilíou hat ihre Bienenstöcke im von würzigem Thymian umgebenen Hügelland kurz vor dem Ágios-Theológos-Strand aufgestellt und produziert auch dort. Zwischen Ap-

ril und Oktober kann man am kleinen Verkaufsstand 5 Fahrminuten vor dem Strand die Köstlichkeiten probieren und natürlich auch kaufen: neben Thymianhonig auch in Zuckersirup eingekochte Auberginen und Tomaten, Zimtsirup sowie Salben gegen Muskelkater, raue Haut und Insektenstiche.

2 km vor dem Theológos Beach • Die Besichtigung der Produktionsstätte ist nach Voranmeldung unter Tel. 2 24 20-7 10 21 oder 69 45 26 29 46 möglich

10 MERIAN Tipp

EINSAMKEIT AM KAP KATA A5

Rund um das Kap Kata erwartet den Besucher ein dünenbesetzter Sandstrand, an den sich nur wenige Urlauber verirren. Allerdings benötigt man einen motorisierten Untersatz, bevorzugt ein geländegängiges Fahrzeug mit Allradantrieb. ▸ S. 19

SERVICE

VERKEHR

Die Busverbindungen entsprechen denen von Kamári: ca. 3- bis 4-mal tgl. von Kos-Stadt und zurück, Fahrtdauer ca. 1 Std. Die Bushaltestelle befindet sich gleich am Ortseingang an der Kreuzung. Weiter als bis zum Ort Kéfalos fährt der Bus allerdings nicht: In den Süden der Halbinsel gibt es keine öffentlichen Verbindungen.

Ziele in der Umgebung

◎ Ágios Ióannis Thymianós

A5

Das ehemalige Kloster befindet sich am Ende der asphaltierten Straße, Stufen führen zum malerischen Gebäudekomplex mit herrlichem Panoramablick hinab. Einige Mönchszellen wurden wieder restauriert und waren sogar mit Kaminen ausgestattet, der vielfotografierte Glockenturm wird ebenfalls sorgfältig wiederhergestellt. Besonders dekorativ ist das große Bodenmosaik aus schwarzen und weißen Kieseln. Unter der riesigen, knorrigen Platane lässt es sich wunderbar rasten, meistens finden sich nur wenige Besucher ein. Einmal im Jahr, am 29. August, kommen von der ganzen Insel die Gläubigen zum Patronatsfest, die weiß getünchten Bänke sind dann alle belegt und Souvláki-Duft steigt auf.

Seinen Namen hat das Kloster vom wild wachsenden, duftenden Thymian, der insbesondere im Frühjahr bläulich und violett blüht und die Luft das ganze Jahr über würzt. Die Kirche (der Schlüssel liegt meist am Fenstersims) ist innen sehr dekorativ ausgemalt und besitzt eine schöne Ikonostase.

An der Straßengabelung 1,5 km nach dem südl. Ortsausgang von Kéfalos links abbiegen. Eine Serpentinenstraße mit grandiosen Ausblicken führt kurz vor dem Kloster zum Berg Lathrá, auf dem sich allerdings eine Radaranlage des Militärs befindet – der Zugang ist nicht gestattet.

6,5 km südl. von Kéfalos

AKTIVITÄTEN

Wanderung zur Kapelle Ágios Theologos

Für diese Wanderung durch weitgehend menschenleere, unbewohnte Landschaft sollten Sie 3,5 Std. veranschlagen. Mit mehreren Badepausen und einem Besuch des Restaurants am Strand von Ágios Theológos

Neben Thymian- und Pinienhonig werden in der Manufaktur Mélissa (▸ S. 89) auch artverwandte Erzeugnisse angeboten, darunter Bienenwachs und Honiglikör.

wird aus dem 13 km langen Rundweg schnell ein Tagesausflug. Denken Sie unbedingt an ausreichend Wasser und Sonnenschutz. Der Höhenunterschied beträgt ca. 300 m.
Mit dem eigenen Fahrzeug erfolgt die Anfahrt zum Parkplatz am Kloster Ágios Ioánnis. 200 m vor dem Parkplatz in Richtung Asphaltstraße führt ein kleiner sandiger Weg steil bergab. Dieser trifft nach 2 km auf einen breiteren Weg, in den man rechts abbiegt und zu einer Farm gelangt. Nun geht es immer geradeaus, immer parallel zur Küste. Linker Hand taucht nach 500 m eine kleine Höhle auf. An der nächsten Kreuzung biegt man links Richtung Meer ab. Durch Macchia, Dünen und vorbei an Kieselstränden taucht die Kapelle **Ágios Theológos** auf, die man über eine kleine Brücke erreicht. Auf sandiger Piste geht es weiter Richtung Taverne und Surferparadies. Zurück nimmt man entweder dieselbe Strecke (einsamer) oder die Schotterpiste Richtung Osten querfeldein zur asphaltierten Straße. An der Kreuzung mit dem Brunnen linker Hand geht es rechts (ausgeschildert) zurück zum Ausgangspunkt. Dabei hat man immer den Berg Lathrá vor Augen.

◎ Ágios Mámmas B 6

Am Ende einer nur mit einem Jeep gut befahrbaren Schotterpiste liegt in völliger Einsamkeit die kleine Kapelle mit Blick auf die zum Greifen nahe Vulkaninsel Níssyros (▸ S. 102). Windumtost und felsenzerklüftet zeigt sich Kos an dieser Stelle von seiner rauen Seite. Wie gemalt krümmen sich Schirmpinien in der salzigen Luft, Macchia breitet sich aus und fällt zum türkisfarbenen Wasser ab, das weiß getünchte Kirchlein glitzert in der gleißenden

Sonne. Die Kapelle ist dem Schutzheiligen der Hirten und Herden geweiht, sie sind die einzigen regelmäßig passierenden Gäste.
Bei der Rückfahrt lohnt es, sich am **Cavo Paradise Beach** in die Fluten zu stürzen – selbst in der Hochsaison kommen nicht viele Badegäste an diesen herrlichen, aber sehr abgelegenen Ort.
11 km südl. von Kéfalos

Aspri Pétra B 5

Am Berg Zini liegt die »weißer Stein« genannte Höhle, in der die italienischen Archäologen Alessandro della Seta und Doro Levi 1922 Funde aus dem Neolithikum (Jungsteinzeit, ca. 3000 v. Chr.) sowie aus der mykenischen, geometrischen und römischen Epoche nachweisen konnten. Es handelt sich damit um die ältesten Spuren menschlichen Lebens auf Kos.
In der 14,3 x 12,4 m großen Höhle, die 300 m über dem Meer liegt, fand della Seta Teile von Gefäßen und Besteck, Werkzeug und spitze Gegenstände aus Obsidian, dazu Keramik und Terrakottafiguren. Die Höhle wurde noch jahrtausendelang von Hirten genutzt.
Anfahrt: Auf dem Weg nach Ágios Ioánnis, etwa 2 km nach der Abzweigung bei Palátia, folgt man einem Hinweisschild linker Hand. Nach weiteren 500 m parkt man das Auto an einem grünen Denkmal. Jetzt geht es zu Fuß weiter rechts bergab auf einer Piste, von der nach 1 km eine schmalere abzweigt. Noch kurz davor erkennt man links oberhalb des Berges ein Felsenfenster. Der flache, tiefliegende Eingang zur Höhle ist gleich daneben, es geht also querfeldein.
5 km südöstl. von Kéfalos

Kastelli B 5

Zwischen der Höhle Aspri Pétra und dem Kloster Ágios Ioánnis thront auf einem Felsen die kleine Burgruine Kastelli, die zwischen dem 13. und 16. Jh. bewohnt war. Der Aufstieg wird durch eine fantastische Aussicht in absoluter Einsamkeit belohnt.
Von Aspri Pétra kommend, fährt man zurück auf die Hauptstraße, biegt dort links Richtung Ágios Ioánnis ab. Nach etwa 900 m geht links eine Staubpiste ab, der man, sich immer links haltend, folgt. Sie mündet in einen kleinen Wanderpfad zur Ruine.
6 km südl. von Kéfalos

Limniónas B 4

Eine winzige Bucht, in der ein paar Fischkutter schaukeln, ein kleiner Sandstrand am Hafenbecken, ein paar Liegestühle und Sonnenschirme, ein Kieselstrand auf der anderen Seite des Hafens, viel Ruhe und Entspannung … mehr bietet das Nest nicht. Allerdings kommen die Koer weither bis vom anderen Inselende, um in der ausgezeichneten Fischtaverne zu speisen.
5 km nördl. von Kéfalos

ESSEN UND TRINKEN

Fischtaverne Limniónas

Kulinarisches Highlight • Wirt Jánnis Bézas schickt täglich mehrere Boote aus, die ihre Ware direkt bei ihm abliefern. So ist der Fisch, der frittiert oder gegrillt auf den Teller kommt, stets frisch und köstlich. Besonders lecker sind die Kalamari und der Schwertfisch. Der Blick fällt auf die Naturbucht mit ihrem kristallklarem Wasser.
50 m oberhalb des Hafens • April–Okt. • Tel. 2 24 20-7 19 51 • €€€

◎ Palátia (antikes Theater) B 5

Nach der Besichtigung der verfallenen Kirche der Panagía tis Palatianís (▸ S. 93) fährt man noch ca. 500 m weiter, bis linker Hand ein Drahtzaun und rechter Hand ein Parkplatz mit einem Brunnen auftaucht. Die Tür am Zaun ist nicht verschlossen und führt zu einem Pfad in ein kleines Kiefernwäldchen, in dem völlig überraschend die Sitzreihen eines antiken Theaters sowie etwas weiter oben die Reste einer Kultstätte sichtbar werden. Was heute ein lauschiger Picknickplatz ist, war in der Antike ein steinernes Theater, von dessen Sitzplätzen man einen weiten Blick auf das Meer und die schöne Bucht hatte – eine natürliche Kulisse, wie es die alten Griechen liebten.

Das archäologische Museum von Kos-Stadt verwahrt eine sitzende Statue, die an dieser Stelle gefunden wurde – ein antiker Zuschauer? Das Zentrum des antiken Astypalaia, der antiken Inselhauptstadt bis 366 v. Chr., wird hier vermutet.

◎ Panagía tis Palatianís B 5

Neben der neuen Kapelle steht die jahrhundertealte, aus riesigen Steinquadern erbaute Kirche, deren Dach eingefallen ist. Um sie herum sind antike Spolien erkennbar: Säulenteile, Stierköpfe, Mosaiken. Die Kirche wurde an der Stelle eines dorischen Tempels errichtet, der vermutlich Demeter, der Göttin der Fruchtbarkeit der Erde, geweiht war. Vor der Kirche wächst Salbei, der als Tee ebenso wie als Gewürz Verwendung in der Küche findet.

Nach ca. 1 km vom südl. Ortsausgang links abbiegen, Schild nur aus der Gegenrichtung lesbar.

Bei Limniónas (▸ S. 92) zeigt sich die Küste von ihrer wilden, urwüchsigen Seite. Außerhalb des Ortes trifft man hier niemanden.

Mandráki auf Níssyros (▶ S. 102) ist ein typisches Dodekanes-Städtchen geblieben, gerade weil die Tagesausflügler sich kaum über die Hafengegend hinausbewegen.

Touren und Ausflüge

Mit dem Auto, mit dem Schiff oder zu Fuß: Kos und seine Nachbarinseln bieten zahlreiche Ausflugsmöglichkeiten. Selbst nach Asien ist es nur ein Katzensprung.

Rundfahrt zu den schönsten Orten auf Kos

Charakteristik: Eintägige, bequeme Rundfahrt mit dem Auto über die gesamte Insellänge durch unterschiedliche Landschaften und zu den kulturellen Höhepunkten. **Länge:** ca. 140 km **Einkehrmöglichkeiten:** Orea Ellas (▸ MERIAN Tipp, S. 16) in Lagoúdi unterhalb der Dorfkirche, Tel. 2 24 20-6 90 04 €€ • Fischtaverne Limniónas am kleinen gleichnamigen Naturhafen, Tel. 2 24 20-7 19 51, April–Okt. tgl. 11–23 €€€

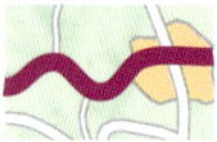

Karte ▸ Klappe vorne, G 2–B 4

Kos ist eine überschaubare Insel, die Straßen sind in gutem Zustand, die Entfernungen zwischen den Orten gering. Von jedem Ort aus sind alle Inselteile an einem Tag gut erreichbar. Eine detaillierte Straßenkarte leistet dennoch gute Dienste.

Kos-Stadt ▸ Pilí

Unser Ausgangspunkt am frühen Morgen ist Kos-Stadt. Die Grigoríou E' führt in westlicher Richtung aus der Stadt heraus. Am großen Kreisverkehr biegt man ab Richtung **Platáni**, wo ein kurzer Besuch der beiden muslimischen Friedhöfe mit uralten Grabsteinen in Turbanform, verziert mit arabischen Schriftzeichen, lohnt. Der jüdische Friedhof, noch vor dem Ortseingang linker Hand in einem Waldstück gelegen, ist hingegen stets verschlossen, aber von außen einsehbar: Seit die Nazis die letzten jüdischen Bewohner von Kos deportiert hatten, gibt es auch keine Angehörigen mehr, die die Gräber pflegen könnten. Ein Gedenkstein erinnert an das traurige Schicksal der koischen Juden.

Das nächste Ziel ist die wichtigste archäologische Stätte der Insel, das **Asklepieíon** ★4. Von der obersten Terrasse ist der Blick über Stadt, Inseln und hinüber zur türkischen Küste herrlich. Dieselbe Straße führt weiter, leicht ansteigend ins bekannte und pittoreske Bergdorf **Ziá**, wo man je nach dem dortigen Rummel entscheidet, entweder auf einen Kaffee zu bleiben und sich durch die mit Souvenirständen gespickten Gassen treiben zu lassen oder über Evangelistria ins ruhigere **Lagoúdi** weiterzufahren. Direkt unterhalb der Dorfkirche empfängt die Belgierin Christina Zentéli in ihrem kleinen Café Orea Ellas ihre Gäste.

Unbedingt lohnenswert ist der Aufstieg zum verlassenen Ort **Paléo Pilí** ★6: Das Auto parkt bei der Ágios-Vassilis-Kapelle, weiter geht es zu Fuß ca. 30 Min. hinauf bis zum höchsten Punkt des ehemaligen byzantinischen Dorfes – Romantik pur! Nur wenige Kilometer weiter liegt das weitläufige Dorf **Pilí**. Der alte Brunnen 150 m westlich des Dorfplatzes spendet aus Renaissance-Löwenköpfen herrlich frisches Quellwasser.

Pilí ▸ Andimáchia

An den Ausläufern des Díkeos-Gebirges geht es nun weiter auf landschaftlich schöner Strecke nach **Kardámena**, einem im Sommer quirligen, typischen Ferienort. Vielleicht ist jetzt die beste Zeit für eine Pause an den Stränden westlich und östlich der Siedlung. Schnell führt die gut ausgebaute Straße nach **Andimáchia**, dem zweitgrößten Dorf im Binnenland, das auf einem kleinen Hochplateau liegt. An der Plateia befinden sich das »Traditional House« und vis-à-vis eine alte Windmühle. Man ist redlich bemüht, den jungen Koern, aber natürlich auch interessierten Touristen, zu zeigen, wie karg noch die Generation der Großväter und -mütter lebte. Heute wird das Korn nur noch selten zu Demonstrationszwecken gemahlen.

Andimáchia ▸ Kos-Stadt

Die Fahrt führt weiter vorbei am Flughafen Richtung Westen nach Kéfalos. Kurze Stichstraßen biegen linker Hand zu grobkörnigen, weißen Sandstränden ab. Man hat die Qual der Wahl: noch einmal ein Sprung ins Wasser, und wenn ja, an welchem Strand? Ist der **Paradise Beach** 8 wirklich der schönste Strand von Kos? Wer es schafft, sich vom Meer zu trennen, wird nicht enttäuscht: An der engsten Stelle des Isthmus bei **Ágios Stéfanos** lohnt ein Halt an der frühchristlichen Basilika. Kamera nicht vergessen: Der pittoreske Blick hinüber zur Kapelle des hl. Antonios auf das **Inselchen Kástri** ist eines der meistfotografierten Motive der Insel. Im Hintergrund erhebt sich das Plateau von Kéfalos, das einen eigenen Tagesausflug wert ist.

Über die Serpentinenstraße hinauf geht es in den Ort **Kéfalos**. Von dort führt eine 5 km lange Straße vorbei an der Windmühle Papavasíli in die nördlich gelegene Bucht von **Limnionas**. Jánnis Bezas betreibt dort eine ausgezeichnete Fischtaverne, wo man den Tag gemächlich bei Schwertfisch oder Hummersalat ausklingen lassen kann. Zurück erreicht man Kos-Stadt in einer knappen Stunde über den Inselhighway.

Genau dafür ist das Bergdorf Ziá (▸ S. 80, 96) bekannt: den schönen Blick nach Norden über den Alikes-Salzsee hinüber nach Psérimos und Kálymnos.

Besteigung des Díkeos – Zum höchsten Berg der Insel

Charakteristik: Halbtagesausflug mit mittelschwerer Wanderung bei nicht zu steilen Anstiegen. Der Aufstieg ist auch für ungeübte Wanderer gut zu bewältigen. Im Sommer sollte man allerdings früh starten, da es schnell heiß wird und 250 Höhenmeter in der prallen Sonne zu überwinden sind. Feste Schuhe, ausreichend Wasser, Proviant und eine Kopfbedeckung sind unabdingbar. Vorsicht ist auch bei Nebel und schnellem Wetterwechsel geraten, die Tour sollte man möglichst nur an klaren Tagen starten. **Dauer:** ca. 4 Stunden (Hin- und Rückweg) **Länge:** ca. 7 km **Anfahrt:** mit dem Bus (3-mal tgl. außer So von Kos-Stadt über Zipári und Evangelistria, letzter Bus zurück um 16 Uhr) oder dem Mietwagen nach Ziá **Einkehrmöglichkeiten:** Restaurant Oromedon in Ziá, Tel. 2 24 20-6 99 83, www.oromedon.com, im Sommer tgl. bis spät am Abend €€ • Restaurant Kefalovrisi mit vielen regionalen Leckereien und selbstgebackenem Brot, nahe der Kapelle Isodia tis Theotókou, Tel. 2 24 20-6 96 05 €€

F3

Ausgangspunkt der Wanderung ist das 285 m über dem Meer gelegene Bergdörfchen Ziá, das als Aussichtsterrasse zum Sonnenuntergang einen besonderen Ruf auf der ganzen Insel genießt. Aufgrund der zahlreichen Souvenirstände mit Nippes, Kräutern, Honig und Töpferwaren und des in den Sommermonaten regen touristischen Betriebs erschließt sich dem Besucher der Charme des Dörfchens erst auf den zweiten Blick – und schon gar nicht, wenn unzählige Busse Tagestouristen von den Küstenorten nach Ziá zur »typical greek night« befördern. Im höher gelegenen Teil finden sich dagegen noch ein paar hübsche Häuser und Gassen. Hier startet auch der folgende Fußmarsch.

Ziá ▸ Isodia tis Theotókou

An der Bushaltestelle/Wendeplatz im oberen Ortsteil von Ziá beginnt eine Gasse, die Sie hinaufgehen. Vorbei an einer Wassermühle laufen Sie über eine Lokalterrasse bis zur höher liegenden Kirche, dort rechts und weiter aufwärts. An der Weggabelung biegen Sie noch einmal rechts ab, nun ist der »Weg zum Berg« mit blauen Punkten gekennzeichnet. Rechter Hand biegt man an einem Haus mit großem Vordach in einen aufwärts führenden Betonweg nach rechts ein und gelangt schnell in ein Kiefernwäldchen mit der kleinen Kapelle **Isodia tis Theotókou**.

Isodia tis Theotókou ▸ Gipfelkapelle

50 m nach der Kapelle taucht links in der Kurve ein Gatter auf, durch das man tritt. Hinter dem Zaun halten Sie sich rechts und gehen aufwärts. Noch ist der Gipfel nicht zu erspähen. Auf einem alten felsigen Weg erreichen Sie eine Sandstraße, links aufwärts passieren Sie zwei Häuser; nach dem zweiten laufen Sie noch 300 m, bis eine rote Markierung den Beginn des Aufstiegs durch den Wald anzeigt. Bei der Gabelung nach 50 m gehen Sie links und folgen dem Serpentinenanstieg weiter durch den

Ziel aller Wanderträume auf Kos: die Gipfelkapelle auf dem 864 m hohen Díkeos (▸ S. 98). An klaren Tagen reicht der Blick Dutzende Kilometer weit über das Meer.

Wald. Wenn Sie aus diesem heraustreten, gelangen Sie nach einer Rechtskurve durch eine Scharte und auf einen Bergkamm des Díkeos, von dem Sie auf die Südseite der Insel in Richtung Kardámena schauen. Folgen Sie den Markierungen nach links, es steigt nur noch leicht an.

Mit ein bisschen Glück kreuzen griechische Landschildkröten Ihren Weg. Sie stehen unter Artenschutz und dürfen keinesfalls mitgenommen werden. Hier oben haben die Panzertiere ein kleines Paradies mit vielen Unterschlüpfen und Wasserläufen gefunden.

Wanderer haben nun ihr Ziel klar vor Augen: Es geht erst abwärts, dann hinauf zur **Gipfelkapelle**, die einst zu einem byzantinischen Kloster gehörte. Das Kloster Metamorphosis Sotiros (Christi Verklärung) ist im Lauf der Zeit von Piraten und Osmanen angegriffen, geplündert und zerstört worden, nur die Kapelle bewahrt die Erinnerung daran. Möchten Sie eine Gipfelkerze spenden? Die großartige Aussicht auf die flache Nordküste von Kos und die im Gegensatz dazu viel schroffere Südküste, das Panorama der umliegenden Inseln des Dodekanes und der türkischen Küste, ist schlichtweg großartig. Eine Wanderhütte in der Nähe der Kapelle, »xenonas«, bietet Unterschlupf bei Nebel und plötzlichem Regen.

Gipfelkapelle ▸ Ziá

Zurück nach Ziá gelangt man auf demselben Weg. Vielleicht möchten Sie nun eine zweite Kerze in der Dorfkirche **Koímisis tis Theotókou** anzünden. Sie stammt aus dem Jahr 1919 und ist ganz mit Malereien im byzantinischen Stil ausgemalt. Oder es zieht Sie gleich ins Restaurant Oromedon, wo es selbst gebackenes Brot und leckere Vorspeisen gibt.

Zur Schwammtaucherinsel Kálymnos 9

Charakteristik: Der Bootsausflug zur 12 km nördlich gelegenen Nachbarinsel führt in die ursprüngliche Inselhauptstadt Póthia. **Dauer:** Tagestour. Wer die zahlreichen Schönheiten der viertgrößten Insel des Dodekanes mit ihren abwechslungsreichen Buchten, ausgedehnten Zitrusplantagen, Kletterfelsen und hübschen Dörfern entdecken möchte, sollte mehrere Tage einplanen. **Anfahrt:** Zwischen Kos-Stadt und Kálymnos verkehren das ganze Jahr über die Dodekanes Seaways und die Blue Star Ferries (aktuelle Abfahrtszeiten unter www.ferries.gr), die Hin- und Rückfahrt kostet ab 20 €. Mehrmals täglich besteht eine deutlich günstigere und schnellere Verbindung zwischen Mastichári und Kálymnos (10 € für Hin- und Rückfahrt, aktuelle Fahrpläne unter www.anekalymnou.gr). Die Touristeninformation in Kálymnos liegt direkt an der Mole (Tel. 2 24 30-2 92 99, www.kalymnosinfo.com). **Einkehrmöglichkeit:** Ta Maniá, Ecke Patriárchou Maximou/Uferstraße, tgl. ab 11 Uhr €€

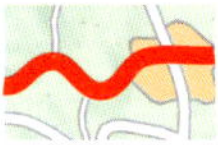

nördl. A–C 1

Der wunderschöne Hafen des dichtbesiedelten **Póthia** empfängt den Besucher. Fast zusammengewachsen mit dem Dorf Pánormos und der alten Inselhauptstadt Chorió ist dies die größte Siedlung der Insel, in der etwa 15 000 Menschen, also 90 % ihrer Bewohner leben. Hübsche pastellfarbene Häuser im neoklassizistischen Stil ziehen sich die Hügel hinauf, die den Hafen bis zum Meer hinunter umrahmen. Dazwischen ragen prunkvolle Kirchen hervor, die vom früheren Wohlstand und vom tiefen Glauben der Kapitäne und Schwammtaucher zeugen, die den Kirchenbau aus Dankbarkeit für ihre gesunde Rückkehr förderten.

Der karge Boden hat die Kalymner schon immer gezwungen, monatelang zur See zu fahren. Jedes Mal wurden sie voller Bangen von ihren Familien verabschiedet, und nicht alle kehrten lebend zurück. Noch vor 50 Jahren machten die Einkünfte aus der Schwammtaucherei 60 % der kalymnischen Wirtschaftsleistung aus, die Schwämme wurden auf den Straßen Athens und in der ganzen Welt verkauft. Heute fahren nur noch sehr wenige Schwammtaucher aus Kálymnos aufs offene Meer, aber die Schwammverarbeitung spielt immer noch eine große Rolle, und Händler bieten die (mittlerweile auch importierte) Ware überall auf der Insel an.

Hinter dem aus italienischer Zeit stammenden **Zollamt** geht es rechts immer am Meer entlang. Zahlreiche Cafés laden zum Verweilen ein: So viele Fischerboote und Ausflugsdampfer liegen schaukelnd im Hafen! Wer sich ein Bild vom harten Leben der Schwammtaucher machen möchte, sollte einen Besuch im **Seefahrts- und Volkskundemuseum** (Mo–Sa 8–13.30 Uhr, im Hochsommer auch So) einplanen. Daneben liegt die **Erlöserkirche** aus dem Jahr 1861 mit einer Ikonostase aus Marmor, die der geniale Bildhauer Giannoulis Chalepas von der Insel Tinos geschaffen hat.

Nun verbreitert sich die Uferstraße und führt besonders am frühen Morgen zur geschäftigen **Fisch-**

Póthia (▶ S. 100) auf Kálymnos ist eine echte Schönheit. Die einstige Insel der Schwammtaucher ist einen Tagesausflug wert. Mindestens.

markthalle. Kálymnos exportiert vor allem Schwert- und Thunfisch in die weite Welt. Wieder ein Stück zurück, findet man anhand der Beschilderung leicht das **Vouvális-Museum** (Stadtteil Ágia Triada, Di–Sa 8.30–15 Uhr, Eintritt 2 €), das im pompös ausgestatteten dreistöckigen Herrenhaus des reichen Schwammhändlers (gest. 1918) eingerichtet wurde. Seine Heimatinsel verdankt ihm zahlreiche öffentliche Einrichtungen wie Schulen und das Krankenhaus. Gegenüber liegt das sehenswerte **Archäologische Museum** (Ágia Triáda, Tel. 2 24 30-5 90 02, Juni–Okt. Di–So 9–16 Uhr, Eintritt 3 €, Kinder 2 €). Es präsentiert die historische und kulturelle Entwicklung der Insel mit Funden von der vorgeschichtlichen bis in die nachbyzantinische Epoche. Viele Fundstücke stammen aus den zahlreichen Grotten der Insel. Hervorzuheben sind besonders der bekleidete Kouros (530 v. Chr.), die gewaltige Asklepios-Statue und die Marmorskulptur der sog. »Dame aus Kálymnos«. Münzen und Gefäße deuten auf einen langen, blühenden Handel. Zurück auf der El.-Venizélou-Straße gelangt man zu Fuß oder auch per Bus in die 3 km entfernte alte Inselhauptstadt Chorió (auch als Chóra bezeichnet). Überragt wird der Ort von den Ruinen der ausgedehnten byzantinischen Festung **Péra Kastro** (Di–So 8.30–15 Uhr, Eintritt frei), die im 15. Jh. umgebaut und erweitert wurde. In ihrem Inneren sind neun Kirchen mit Wandmalereien aus dem 15. und 16. Jh. erhalten. Einmalig ist die Aussicht auf Chorió und Póthia.

Zurück an der Uferstraße von Póthia empfiehlt sich eine der ausgezeichneten Tavernen, z. B. Ta Maniá, die eigenen fangfrischen Fisch serviert.

Es blubbert und schwefelt auf der Vulkaninsel Níssyros

Charakteristik: Schiffsausflug mit Wandermöglichkeit auf einer der drei griechischen Vulkaninseln. Fähren und Ausflugsdampfer verkehren ab Kos-Stadt, Kardámena und Kamári. Die Überfahrt dauert 1–1,5 Stunden. Fahrkarten können direkt bei den Schiffen erworben werden, die Buchung ist aber auch in Hotels und Agenturen möglich. **Dauer:** Tagestour im Rahmen von organisierten Ausflügen, wer mehr Zeit hat und übernachten kann, wird die Ruhe der Insel am Abend und früh am Morgen genießen. Den Weg vom Hauptort zum Vulkankrater sollte man aber im Sommer nicht zu Fuß zurücklegen. Auch wenn man sehr früh in Mandráki aufbricht, es bleibt die schattenlose Rückkehr irgendwann am Nachmittag. Am besten, man mietet in Mandráki einen fahrbaren Untersatz. Für den Krater sind feste Schuhe und Sonnenschutz unabdingbar. **Einkehrtipp:** Tavernen Iríni und Frázis am idyllischen Dorfplatz Ilikioméni in Mandráki

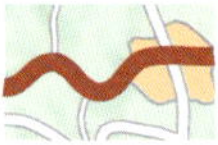

Karte ▸ S. 103, süd. E 6

Das hübsche Nikiá (▸ S. 103) liegt am südlichen Rand der Caldera.

Vom Schiff aus kann man schon von Weitem die für Vulkane typische konische Form erkennen. Alle Schiffe legen im Hauptort **Mandráki** an. Die Tagesausflügler steigen gleich um in Busse, die sie zum Vulkan bringen. Viel gemütlicher ist es, zunächst die stillen Gässchen von Mandráki mit seiner hübschen Inselarchitektur und den versteckten Kapellen zu Fuß zu erkunden. Die Bewohner – immer noch viele Bauern und Fischer – sind freundlich und immer gern zu einem Schwatz aufgelegt.

Die Uferstraße führt zunächst über breite Stufen zu den Ruinen der **Johanniterburg**. Innerhalb ihrer Mauern liegt das schon von Weitem zu erkennende, über 600-jährige weißgekalkte Kloster der **Panagía Spilianí**. Die Klosterkirche wurde in einer kühlen Grotte errichtet. Ein herrlicher Rundblick entschädigt für die Mühe des Aufstiegs.

Über die Straße unterhalb des Kastells erreicht man nach ca. 800 m die **Akropolis von Paleókastro**. Aus dem hartem Vulkangestein Trachyt wurden im 4. Jh. v. Chr. riesige passgenaue Quader geschlagen. Von den Mauern blickt man auf Mandráki, das Ägäische Meer und hinüber zur türkischen Küste.

Die Fahrt zum Krater verläuft in die entgegengesetzte Richtung und führt zunächst über das alte Heilbad **Loutrá** zum Fischerort Páli. Von hier geht es in zahlreichen Serpentinen hinauf zur Caldera, die mit einem Durchmesser von 3,8 km die Inselmitte dominiert.

Die Caldera erstreckt sich über fünf Sekundärkrater und den beeindruckenden **Stéfanos-Krater** mit einem Durchmesser von 300 m. Er ist einer der größten Hydrothermalkrater der Welt, entstanden durch das plötzliche Freiwerden von überhitztem Wasserdampf. In tiefen Spalten und geologischen Störungen unter der Insel gerät versickertes Grundwasser in Kontakt mit der heißen Magmakammer. Unter dem Krater sammeln sich in der Folge heiße Gase, die aus Löchern im Kraterboden austreten. Ohne diese natürlichen Ventile könnte es durch Überdruck zu einer Explosion kommen. Seit einiger Zeit schlummert der Vulkan, die letzte Eruption erfolgte 1873. Seither sind immer wieder Erdbeben registriert worden, denn erloschen ist der Vulkan noch lange nicht. Fumarolen deuten auf seine Aktivität hin, der ganze Boden ist mit ätzenden Salzen bedeckt. Im hübschen Dorf **Nikiá** kann man sich in einem Museum näher mit dem Vulkanismus befassen (am Dorfeingang, Tel. 2 24 20-4 87 46, Mai–Okt tgl., Eintritt 4 €).

Zurück in Mandráki locken an der mit einem Kieselmosaik verzierten Plateia Ilikioméni zahlreiche gute Tavernen.

Einmal Asien und zurück – Von Kos nach Bodrum

Charakteristik: Egal, ob Sie auf der einstündigen Überfahrt und in den zahlreichen Cafés einfach nur entspannen, durch eines der schönsten Kastelle des Johanniterordens schlendern, die Reste eines der sieben Weltwunder der Antike bestaunen oder in den Einkaufsstraßen bummeln möchten – Bodrum, das antike Halikarnassos, ist auf jeden Fall einen Besuch wert! **Dauer:** Tagesausflug. Die Schiffe, z. B. »Kostakis« oder »Nissos Kos«, verkehren in der Saison täglich ab 9.30 Uhr an der Mole hinter dem Kastell von Kos-Stadt und verlassen Bodrum wieder gegen 16 Uhr. Die Hin- und Rückfahrt kostet ab 13 € inkl. Steuern. Unabdingbar ist die Mitnahme eines Personalausweises oder Reisepasses. Für den Tagesausflug ist es nicht nötig, Geld zu wechseln: In Bodrum wird der Euro als Zahlungsmittel selbst in kleinen Cafés angenommen, die Museen akzeptieren Kreditkarten oder EC-Karten. Die Touristeninformation befindet sich am Ende der Mole zwischen Kastell und dem sympathischen Café der Kooperation der Fischer (Balıkçilar Derneği Kahvesi).

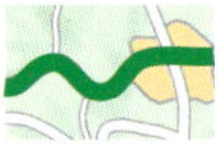

Einkehrtipps: Café Sen und Restaurant Sakalli, beide Nazim Hikmet Sok., Mo–Sa bis 21 Uhr €

Karte ▸ S. 14, nordöstl. H 1

Auch wenn die Bootsbetreiber mit einer rasanten Fahrt von 35 Min. werben – rechnen Sie besser mit 1 Std. und genießen Sie auf Deck die wunderschöne Fahrt durch den Golf von Gökova, den auch Segelfreunde schätzen. Möwen begleiten die Ausflugsdampfer, der Blick über das Meer hinüber zur Küste ist herrlich. Schließlich tauchen linker Hand einige alte Windmühlen am Hang auf, dann schon bald das mächtige Kastell, das auf einer Halbinsel steht und die Stadt Bodrum praktisch in zwei Hälften teilt.

FotoTipp

SCHARF GESCHOSSEN

Durch die Schießscharten der oberen Burgmauer lässt sich das glitzernde türkisfarbene Meer besonders schön einfangen. ▸ S. 104

Bodrum, dessen Häuser sich die Hänge hinaufziehen, ist ein von der Natur verwöhntes Stückchen Erde. Früher ein kleiner Fischer- und Künstlerort, hat sich Bodrum in den letzten Jahren zur mondänen Wochenendeskapade wohlhabender Istanbuler entwickelt. Als ob die Gemeinde an ihre Bürger kostenlos Farbe verteilte, so blendend weiß strahlen ihre Flachdachhäuser, die auf den Dichter und Maler Cevat Şakir, der im 20. Jh. nach Bodrum verbannt worden war, zurückgehen.

Von der Mole gelangt man zum **Kastell Sankt Peter**, das nicht nur Kinder begeistert. Es beherbergt auch ein **Unterwassermuseum** von Weltruf (www.bodrum-museum.com, tgl. außer Mo im Sommer 8–18.30, im Winter 9–17 Uhr, Eintritt 9 €).

Ein vorbildlich ausgeschilderter Rundweg führt vorbei an heimischen und exotischen Bäumen zur ehemaligen Palastkapelle aus dem 16. Jh., die in einem nachgebauten Schiffswrack eine beeindruckende Ladung von Amphoren zeigt, und zu den nach verschiedenen Kreuzritternationen benannten Wehrtürmen. Besondere Aufmerksamkeit verdienen der während unter Heinrich IV. errichtete **Englische Turm**, in dem osmanische, türkische und algerische Banner einen mittelalterlich geschmückten Saal dekorieren: die **»Glass Hall«** mit Glas aus der Antike und frühislamischer Produktion sowie die prunkvolle **Grabkammer einer karischen Prinzessin**, deren Gesichtszüge von britischen Gerichtsmedizinern rekonstruiert wurden. 250 Wappen der verschiedenen Kreuzritter schmücken das Mauerwerk des Kastells. Pfauen stolzieren über das Gelände und lassen sich von den Besuchern nicht beirren.

Die Johanniter, die bereits mächtige Wehrkastelle auf Rhodos und Kos errichtet hatten, bauten auf dem Festland das Kastell als Bollwerk, vorwiegend aus den Trümmern des Mausoleums, und verstärkten die Burg nur zur Landseite hin mit einem doppelten Mauerring. Zur See hin konnten sie sich auf ihre gut ausgerüstete Flotte verlassen.

Danach möchten Sie sich vielleicht in der Fischerkooperative **Balıkçilar Derneği Kahvesi** gleich hinter dem Kastell oder wenige Schritte weiter im **Restaurant Sakalli** stärken.

Wenn Sie sich nun linker Hand orientieren und an der Bucht entlangschlendern, gelangen Sie nach etwa 10 Min. zur **Tepecik-Moschee** aus dem Jahr 1737, an der Sie rechts die Hamam Sokak bis zur nächsten Kreuzung durchlaufen. Linker Hand liegt nach wenigen Metern das Grabungsfeld des **Mausoleums** (tgl. außer Mo 8–17 Uhr, Eintritt 3,50 €), das sich der König von Karien und persische Satrap, Mausolos, noch zu Lebzeiten im 4. Jh. v. Chr. errichten ließ. Es galt als eines der sieben Weltwunder der Antike. Erdbeben und Plünderungen haben das Mausoleum, das namensgebend für ähnliche Grabmale war, in ein Trümmelfeld verwandelt, dennoch ist der Besuch lohnenswert.

Viele Segler gehen gerne in Bodrum (▸ MERIAN TopTen, S. 104) vor Anker.

Wenn Sie die Turgut Reis Caddesi am Ausgang rechter Hand immer geradeaus laufen, kommen Sie zum sehenswerten **Gemüse- und Obstmarkt**. Von dort sind es nur wenige Meter zur Haupteinkaufsmeile, wo Sie den Nachmittag ausklingen lassen oder türkische Hausmannskost probieren können.

Ein Schwammhändler auf Kálymnos (▸ MERIAN TopTen, S. 100) reinigt seine Ware. Die Schwämme sind selten geworden, viele werden mittlerweile importiert.

Wissenswertes über **Kos**

Nützliche Informationen für einen gelungenen Aufenthalt: Die wichtigsten Fakten über Insel, Bevölkerung und ihre Geschichte sind hier zusammengefasst.

Auf einen Blick

Mehr erfahren über Kos – Informationen über Land und Leute, von Bevölkerung über Lage und Geografie, Politik und Verwaltung bis Religion, Sprache und Wirtschaft.

Amtsprache: Griechisch
Bewohner: 34 000
Fläche: 287 qkm
Größte Stadt: Kos-Stadt, 19 400 Einwohner
Höchster Berg: Díkeos, 846 m
Internet: www.kos.gr
Religion: ca. 93 % griechisch-orthodox, muslimische Minderheit
Währung: Euro

Bevölkerung

Auf der drittgrößten Insel des Dodekanes (nach Rhodos und Karpathos) leben heute rund 34 000 Menschen, davon über die Hälfte in der Inselhauptstadt. Hinzu gesellen sich pro Saison rund eine halbe Million Touristen, vorwiegend aus Nord- und Osteuropa sowie Tagestouristen aus der Türkei.

Lage und Geografie

Kos gehört zur Inselgruppe des Dodekanes, was wörtlich übersetzt »Zwölf Inseln« bedeutet. Tatsächlich gehören über 50 größere und rund 150 kleine Inseln zum Dodekanes in der südöstlichen Ägäis, doch nur 13 sind ständig bewohnt. Von Kos-Stadt kann man gut über den Golf von Gökova auf das nur 4 km entfernte türkische Festland hinüberblicken. Nachbarinseln sind nördlich Pserimos (4 km) und Kálymnos (12 km), im Süden die Vulkaninsel

◂ Im »kafeníon« in Lagoúdi (▸ S. 77) ist die Zeit scheinbar stehen geblieben.

Níssyros (12 km). Die längste Ausdehnung beträgt 42 km, die maximale Breite fast 10 km. 120 km weit zieht sich die fast buchtenlose Küste um Kos herum.

Politik und Verwaltung

Die letzte gesamtgriechische Gemeindereform wurde am 1. Januar 2011 mit dem Kallikrátis-Programm umgesetzt. Dabei wurden die früheren drei Inselgemeinden zur neu geschaffenen Gemeinde Kos (Dimos Ko) mit Verwaltungssitz in Kos-Stadt zusammengefasst. Bei den Bürgermeisterwahlen im Mai 2014 konnte sich der 57-jährige Bauingenieur Giorgos Kyritsis von der überparteilichen, linksgerichteten Vereinigung Dýnami Allagís (Kraft des Wandels) für eine fünfjährige Legislaturperiode durchsetzen.
Kos ist Sitz eines Landgerichts und des 80. Nationalgarde-Kommandos des griechischen Heeres. Die stationierten Soldaten überwachen die Küstenlinie und sorgen u. a. für die Sicherung der EU-Außengrenze.

Religion

Die griechische Bevölkerung des Dodekanes ist, abgesehen von einer zahlenmäßig unbedeutenden katholischen Minderheit, griechisch-orthodox und untersteht dem ökumenischen Patriarchat von Konstantinopel. Auch wenn die Religionszugehörigkeit seit dem Jahr 2000 nicht mehr verpflichtend im Personalausweis vermerkt ist, mischt die orthodoxe Kirche nach wie vor kräftig in der Politik mit. Keine Vereidigung des Parlaments, keine Militärparade ohne hochrangige Kirchenvertreter, keine öffentliche Schule ohne Morgengebet, keine Einweihung eines öffentlichen Gebäudes ohne den örtlichen Priester. All das wird als selbstverständliche Verfahrensform betrachtet. Die Priester, die vor der Priesterweihe heiraten dürfen, sind respektierte Personen, und dies nicht nur auf dem Land. Im Zentrum der orthodoxen Spiritualität steht die reiche, hauptsächlich gesungene Liturgie voller Symbolik. Da nur menschliche Stimmen beten können, sind Instrumente im Gottesdienst nicht gestattet. Eine nur dürftig besetzte Kirche gibt übrigens keinerlei Aufschluss über die sozusagen mit der Muttermilch aufgesogene Frömmigkeit – kaum einer folgt dem häufig mehrstündigen Gottesdienst von Anfang bis zum Ende. Zwar ist seit der Reform des stark an das deutsche Recht angelehnten griechischen BGBs 1982 auch eine standesamtliche Hochzeit staatlich anerkannt, durchgesetzt hat sich diese allerdings nicht.
Eine türkischstämmige muslimische Minderheit, Nachfahren der osmanischen Besatzer, lebt v. a. im nah bei Kos-Stadt gelegenen Dorf Plátani und versammelt sich dort auch zum Freitagsgebet in der Moschee.

Sprache

Amtssprache ist Neugriechisch, aber auf Englisch und teilweise auch auf Deutsch können Sie sich problemlos verständigen.

Wirtschaft

Der Tourismus bildet seit vielen Jahrzehnten den Hauptarbeitszweig. Die Schattenseite ist hohe Arbeitslosigkeit in den Wintermonaten.

Geschichte

Um 3500 v. Chr.
Erste neolithische Siedlungsspuren auf Kos.

Ab 1600 v. Chr.
Kos gerät unter minoischen, später mykenischen Einfluss.

Um 700 v. Chr.
Laut Herodot bilden Kos, Halikarnassos, Knidos und die drei rhodischen Städte Lindos, Ialysos und Kamiros die dorische »Hexapolis«.

546 v. Chr.
Kos gerät unter persische Kontrolle.

477 v. Chr.
Die Insel tritt dem attisch-delischen Seebund bei.

460 v. Chr.
Hippokrates wird auf Kos geboren. Er gilt als Begründer der Medizin als Wissenschaft. Der nach ihm benannte Eid ist die erste grundlegende Formulierung einer medizinischen Ethik.

405 v. Chr.
Kos fällt im Zuge des Peloponnesischen Krieges an Sparta. Ein halbes Jahrhundert später steht Kos unter der Herrschaft der Karer von Halikarnassos.

366 v. Chr.
Die neue Inselhauptstadt Kos wird ausgebaut und in der Nähe das Asklepieíon errichtet, das sich zur berühmtesten Heil- und Kurstätte der Antike entwickelt.

323–82 v. Chr.
Hellenistische Periode. Zeitweise wird Kos von den Ptolemäern von Alexandria aus regiert.

Um 300 v. Chr.
Der babylonische Priester Berossos gründete auf Kos die erste Astrologieschule der hellenischen Welt.

82 v. Chr.–95 n. Chr.
Kos ist Teil des Imperium Romanum.

395
Bei der Teilung des römischen Reichs fällt Kos an Ostrom und untersteht im folgenden Jahrtausend den byzantinischen Kaisern in Konstantinopel.

469 und 559
Erdbeben zerstören große Teile der Insel. Das Asklepieíon wird aufgegeben, und die Insel ist dem Verfall preisgegeben. Piraten und fremde Seemächte bedrohen Kos.

11. Jh.
Die Insel erfährt zunehmend Bedeutung als Station im Pilgerverkehr ins Heilige Land.

1204
Nach dem Vierten Kreuzzug wird die Insel den Venezianern zugeschlagen.

1309
Kos wird von den Genuesen verwaltet. Diese verkaufen Kos und die benachbarten Inseln Kálymnos und Leros an den bereits auf Rhodos ansässigen Johanniterorden, der Kos zur Festung ausbaut.

1523
Nach wiederholten Angriffen erobern schließlich die Osmanen die Insel, die sich bis Anfang des 20. Jh. behaupten.

1830
Trotz ihrer aktiven Teilnahme am griechischen Befreiungskampf bleiben die Dodekanes-Inseln auch nach der Gründung des Königreiches Griechenland osmanisch besetzt.

1912
Im Zuge des italienisch-türkischen Krieges besetzt das Königreich Italien die Inselgruppe des Dodekanes (»Italienische Ägäis-Inseln«).

1923–1943
Der Vertrag von Lausanne legt den Status der Dodekanes-Inseln als italienischen Besitz fest. Die Bürger erhalten eine gesonderte italienische Staatsbürgerschaft ohne Wahlrecht. In der Zeit des Faschismus wird die Italisierung durch Zuzug von Italienern betrieben und Italienisch zur Amtssprache erklärt.

1933
Bei einem verheerenden Erdbeben wird ein Großteil der alten Stadt Kos zerstört.

1943
Kos gerät 19 Monate lang unter deutsche Besatzung.

1945
Nach der Kapitulation Hitlerdeutschlands wird der Dodekanes britisches Protektorat.

7. März 1948
Anschluss des Dodekanes an Griechenland.

1970er-Jahre
Der Tourismus wird intensiv gefördert. Viele Agrarflächen auf Kos weichen Hotelbauten.

2010
Die Finanzkrise führt zu einer Krise im ganzen Land. Mehrere Sparpakete mit verheerenden Folgen für viele Bürger haben nicht den erhofften Erfolg.

2015
Der 41-jährige Alexis Tsipras vom Linksbündnis Syriza wird Ministerpräsident und versucht, ein Ende der Staatskrise herbeizuführen.

Reisepraktisches von A–Z

ANREISE

MIT DEM FLUGZEUG

Kos wird in der Saison von zahlreichen Linien- und Chartergesellschaften und von fast allen größeren Flughäfen mehrmals täglich angeflogen. Die Preise für ein günstiges Hin- und Rückflugticket liegen in der Saison bei 250 € inkl. Steuern. Die Flugzeit liegt je nach Abflugsort in Deutschland, Österreich oder der Schweiz zwischen 2,5 und 3 Std. Darüber hinaus besteht das ganze Jahr über mindestens zweimal täglich eine Umsteigeverbindung via Athen: Die 2014 erneut als beste regionale Fluggesellschaft Europas ausgezeichnete Aegean Airlines, die Mitglied der Star Alliance ist, bietet bei frühzeitiger Buchung günstige Tickets (www.aegeanair.com).

Die mittlerweile von der Aegean übernommene zweite griechische Fluggesellschaft, Olympic Air, die Nachfolgerin der einst staatlichen Olympic Airways, sichert im Wesentlichen die innergriechischen Verbindungen, auch zu kleineren Inseln (www.olympicair.com). Der Flug von Athen nach Kos dauert etwa 45 Min.

Der Flughafen von Kos liegt in der Inselmitte bei Andimáchia, ca. 25 km von Kos-Stadt entfernt. Eine Taxifahrt in die Stadt kostet ca. 35 € nach Kéfalos um die 30 €. Busse verkehren in der Hochsaison etwa einmal pro Stunde, das Ticket kostet 3,20 € (www.ktel-kos.gr).

MIT DEM SCHIFF BZW. MIT DEM EIGENEN AUTO

Für die (schönere!) Anreise mit dem Schiff benötigt man viel Zeit, und auch preislich liegt man nicht günstiger. Wer mit dem eigenen Auto nach Griechenland reisen und die lange Fahrt über den Balkan vermeiden möchte, schifft sich am besten in Venedig, Triest, Ravenna, Ancona oder Bari nach Igoumenitsa (15–9 Std.) oder Patras (24–15,5 Std.) ein und gelangt über die Autobahn in 6 bzw. 3 Std. nach Piräus.

Die Fährgesellschaften Superfast (www.superfast.com), Minoan (www.minoan.gr) und ANEK (www.anek.gr) verkehren das ganze Jahr über zwischen Italien und Griechenland. Die Kosten für die Überfahrt liegen je nach Saison und Größe des Fahrzeugs zwischen 80 und 300 € für den Pkw und bei 50–80 € für eine Deckpassage (einfache Fahrt).

Auf den griechischen Nationalstraßen ist eine Mautgebühr zu entrichten. Die Geschwindigkeitsbegrenzung für Pkw liegt auf den Nationalstraßen bei 130 km/h, auf den Landstraßen bei 80 km/h und innerhalb geschlossener Ortschaften bei 50 km/h. Ein Überschreiten des Tempolimits hat ebenso wie Falschparken empfindlich hohe Bußgelder zur Folge.

Bei kleinen Pannen hilft kostenfrei der griechische Automobilclub ELPA, der mit dem ADAC kooperiert. Unter der EU-weit einheitlichen Rufnummer 112 erreichen Sie sowohl über das Festnetz als auch über die Mobilfunknetze eine Leitstelle, die Ihren Anruf an den zuständigen Rettungsdienst weitergibt.

Von Piräus nach Kos verkehrt das ganze Jahr über die Gesellschaft Blue Star Ferries (www.bluestarferries.com). Die Schiffe legen meist am

frühen Abend in Piräus ab und erreichen Kos im Morgengrauen, ein Einzelticket kostet rund 100 € für das Fahrzeug und 50 € für die Deckspassage.
Dodekanisos Seaways sorgen für die Fährverbindung zwischen den Dodekanes-Inseln (www.12ne.gr) und über Rhodos nach Marmaris in der Türkei. In der Hochsaison ist eine frühe Buchung unabdingbar, die man selbst im Internet oder in jedem Reisebüro vornehmen kann.

AUSKUNFT

Griechische Zentrale für Fremdenverkehr

Die griechische Zentrale für Fremdenverkehr verfügt über eine zentrale englischsprachige Website (www.visitgreece.gr) und über zwei Büros im deutschsprachigen Raum.

IN DEUTSCHLAND UND ÖSTERREICH
– Holzgraben 31, 60313 Frankfurt am Main • Tel. 0 69-2 57 82 70
–Opernring 8, 1015 Wien • Tel. 01-5 12 53 17

AUF KOS

Städtische Touristeninformation

Vas. Georgíou 1, Kos-Stadt • Tel. 2 24 20-2 42 60 • Mai–Okt. Mo–Fr 8–14.30, 17–20, Sa, So 9–14 Uhr, Nov–April 8–14.30 Uhr

Staatliche Fremdenverkehrszentrale E.O.T.

Artemisías 2, Kos-Stadt • Tel. 2 24 20-2 99 10 • www.visitgreece.gr • Mo–Fr 7–15 Uhr

BUCHTIPPS

Danae Coulmas (Hg.): Griechenland. Ein Reisebegleiter (Insel, 2004) Griechische und deutsche Autoren von der Antike bis in die Gegenwart begleiten den Reisenden literarisch auf der Fahrt durch Hellas. Eine schöne Anthologie, in der man gerne auch zu Hause blättert.
Andreas Deffner (Hg.): Griechische Einladung in die Ägäis. Erzählungen, Geheimnisse und Rezepte (Größenwahn-Verlag, 2014) Äußerst sympathische Strandlektüre, die in Kurzgeschichten, Essays und Gedichten einen sehr persönlichen Einblick in das griechische Leben gibt. Zahlreiche Originalrezepte geben dem Ganzen die sprichwörtliche Würze.
Petros Markaris: Abrechnung (Diogenes, 2013) Griechenland 2014: Der Staat liegt am Boden, die Drachme wird wieder eingeführt. Sind die Helden von einst verantwortlich für die Misere von heute? 40 Jahre nach dem Aufstand gegen die Militärdiktatur will sich einer holen, was die klingenden Parolen der Studentenbewegung damals versprachen: »Brot, Bildung, Freiheit«. Und geht dabei über Leichen. Die Figur des sympathischen Kommissars Kostas Charitos, der den Fall aufklären wird, genießt längst Kultstatus – seit 1995 lässt Markakis ihn ebenso knifflige wie skurrile Fälle klären. Die neueste, mit Spannung erwartete Folge erscheint 2015 unter dem Titel »Zurück auf Start«.
Frank Schwieger: Das alte Griechenland: Lesen – Staunen – Wissen (Gerstenberg, 2014) Das spannend aufbereitete Kindersachbuch führt junge (und ältere) Leser in die antike Welt ein und macht sie mit antiken Stars wie Hippokrates, Homer und Sokrates bekannt. Gut geeignet als Vorbereitung für den Besuch von Ausgrabungsstätten.

DIPLOMATISCHE VERTRETUNGEN

Deutsche Botschaft
Karaóli & Dimitríou 3, Athen • Tel. 2 10-7 28 51 11 • www.athen.diplo.de

Österreichische Botschaft
Vas. Sofias 4, Athen • Tel. 2 10-7 25 72 70 • www.bmeia.gv.at/botschaft/athen

Schweizer Botschaft
Iassiou 2, Athen • Tel. 210-7 23 03 64 • www.eda.admin.ch/athens

FEIERTAGE

An den nationalen Feiertagen bleiben Behörden, Banken und Büros geschlossen, Museen und archäologische Stätten sind ggf. eingeschränkt geöffnet. Tourismusrelevante Geschäfte und Autovermietungen haben in der Hochsaison auch an Feiertagen zu den üblichen Zeiten geöffnet.

1. Jan. Protochronia (Neujahr) und Fest des hl. Vassilis
6. Jan. Theophaniefest, Große Wasserweihe
25. März Nationalfeiertag
Kathara Deftera Ende des Karnevals und Beginn der Fastenzeit, 41 Tage vor Ostern, entspricht unserem Rosenmontag
10. April Karfreitag 2015
12. April Ostersonntag 2015
29.April Karfreitag 2016
1. Mai Ostersonntag 2016
1. Mai Tag der Arbeit
31. Mai/1. Juni Pfingsten 2015
19./20. Juni Pfingsten 2016
15. Aug. Koimisis tis Theotokou (Mariä Himmelfahrt)
28. Okt. Ochi-Tag, Nationalfeiertag
25./26.Dez. Weihnachten

FESTE UND EVENTS

Das gesellschaftliche Leben und der Alltag der Einheimischen sind durch die kirchlichen Feiertage geprägt, die den Jahresrhythmus bestimmen und zum Ritual der Inselbewohner gehören.

25. MÄRZ

Nationalfeiertag

Griechenland hat zwei Nationalfeiertage: Der erste im Jahr erinnert an den Ausbruch des griechischen Befreiungskampfes gegen die jahrhundertelange osmanische Herrschaft im Jahr 1821. Neun Jahre dauerte es, bis Griechenland als souveräner Staat anerkannt wurde. Die Insel Kos blieb allerdings noch lange dem osmanischen Reich zugehörig. Dennoch spielt die Revolution von 1821 eine wichtige Rolle im ganzen Land: In ganz Griechenland, auch in Kos-Stadt, findet am Vormittag die Schülerparade statt: Vom Kindergartenalter bis zu den angehenden Abiturienten paradieren die Kinder vor den städtischen Honoratioren, dem Bürgermeister, dem Priester, Vorsitzenden des Landgerichtes und weiteren Notabeln.

10. APRIL 2015/29. APRIL 2016

Karfreitag

Eine orthodoxe Liturgie mitzuerleben ist immer ein besonderes Erlebnis. Wer das Glück hat, in der Karwoche in Griechenland zu sein, sollte die Karfreitagsprozession nicht verpassen. Schon tagsüber ist in den orthodoxen Kirchen der Epitaph, das Grab Christi, über und über mit Blumen und Blüten geschmückt. Den ganzen Tag über kommen die Gläubigen, um die Ikone Christi zu küssen und unter dem »Epitaphios« durchzugehen. Höhepunkt ist die feierliche Prozession am Abend, wenn Christus zu Grabe getragen wird: Das reich geschmückte Grab wird nach draußen getragen, die Gläubigen folgen ihm und geleiten es wieder zurück in die Kirche.

11. APRIL 2015/30. APRIL 2016

Ostersamstag

Die Liturgie am späten Ostersamstag leitet gewöhnlich ab 23 Uhr den Auferstehungsgottesdienst ein. Zu dieser Zeit ist die Kirche schon gerappelt voll. Rund um die Kirche sammeln sich die Familien mit Kerzen in der Hand. Gewöhnlich schenkt der Taufpate den Kindern eine besonders hübsch geschmückte Kerze. Pünktlich um Mitternacht erlischt das Licht in der Kirche, der Priester tritt durch die Schöne Pforte der Ikonostase. Zum Zeichen der Auferstehung reicht er das Kerzenlicht weiter mit dem Aufruf »Christós anésti« – Christus ist auferstanden. Die Gemeinde antwortet: »Alithós anésti«, er ist wahrhaftig auferstanden. Im Anschluss an die Liturgie nehmen die Gläubigen das Licht mit nach Hause. In den Familien werden dann nach 40-tägiger Fastenzeit die »majiritsa«, eine Lammkuttelsuppe, und die rot gefärbten Eier verspeist. Der Ostersonntag steht ganz im Zeichen der Familie, die sich zum großen Osterlammessen mittags versammelt. Aus allen Häusern dringt der Duft des frisch zubereiteten Lamms!

JUNI–SEPTEMBER

Hippokrateia-Festival

Das größte Sommerspektakel auf Kos lockt Touristen wie Einheimische zu zahlreichen Veranstaltungen an verschiedene Orte auf der ganzen Insel: Theater, Tanz, Kindervorstellungen, Sport, Folklore, klassische, moderne, griechische und internationale Musik: Das Programm ist umfangreich, und für jeden Geschmack ist bestimmt etwas dabei. Viele Veranstaltungen sind kostenlos. Besonders atmosphärisch sind Konzerte in der Synagoge von Kos, Tänze im mittelalterlichen Kastell, die Aufführung antiker Tragödien im Odeon und die mehrmals stattfindende Inszenierung des Hippokratischen Eides im Asklepieíon. Das Programm wird auf zahlreichen Plakaten und in Flugblättern einige Wochen im Voraus angekündigt.

AUGUST

Weinfestival in Mastichári

Dionysos war nicht nur der Gott des Weines, sondern auch des Schauspiels: so kann man nicht nur die Inselweine verkosten, sondern auch griechische Tänze bewundern.

Honigfestival in Mastichári

Schon in der Antike war der Honig berühmt, und er schmeckt nicht nur vorzüglich mit Walnüssen im griechischen Joghurt! Kosten Sie »loukoumades«, eine Art dünner Krapfenbällchen, die in Honig gewälzt werden.

28. OKTOBER

Ochi-Tag

Griechenlands zweiter Nationalfeiertag, der »Nein-Tag« erinnert an die Ablehnung des italienischen Ultimatums durch den griechischen General Metaxas 1940, welche dem Eintritt Griechenlands in den Zweiten Weltkrieg vorausging. Er wird wie der Feiertag im März mit Militärparaden, Studenten- und Schülerumzügen begangen.

FOTOGRAFIEREN

In Museen ist das Fotografieren ohne Blitzlicht und Stativ für private Zwecke grundsätzlich erlaubt. Die zahlreichen Militäranlagen auf Kos und ebenso Militärfahrzeuge und Militärpersonen dürfen auf keinen Fall fotografiert oder gefilmt werden. Bei Zuwiderhandlung droht eine Gefängnisstrafe.

GELD

Landeswährung ist der Euro (hier »ewró« ausgesprochen, der die älteste Währung Europas, die Drachme, 2001 abgelöst hat. Statt Cents sagen die Griechen »leptá«). Bargeld kann mit der EC-/Maestro-Karte oder Kreditkarte an den zahlreichen Bargeldautomaten der Banken rund um die Uhr unter Eingabe des persönlichen PIN-Codes abgehoben werden. Die gängigen Kreditkarten werden von den meisten Hotels, größeren Restaurants, Mietwagenfirmen und Geschäften angenommen.

Banken sind Mo–Do von 8–14.30 und Fr von 8–13.30 Uhr geöffnet.

KINDER

Kinder sind überall sehr willkommene Gäste, auch wenn es mancherorts an der Infrastruktur fehlt. Hochstühle, Wickelräume oder Spielplätze sind keine Selbstverständlichkeit. Die griechischen Kinder werden früh an die Erwachsenenkost gewöhnt. Ohnehin gehören Pommes frites, Biftéki und Souvláki zum Standardrepertoire, das jedes Kind mag. Babynahrung und Windeln führen die größeren Supermärkte sowie Apotheken. Die meisten Autovermietungen verfügen über Kindersitze.

KLEIDUNG

Auch im Sommer sollte ein dünner Pullover für kühlere Abende nicht im Gepäck fehlen. Unabdingbar sind ausreichender Sonnenschutz und Kopfbedeckung sowie eine Sonnenbrille mit gutem UV-Schutz. In der Nebensaison gehört Regenschutz ins Gepäck. Wanderer sollten auch im Sommer an lange Hosen und feste Schuhe denken, da man sich in der Macchia leicht an Dornen verletzen kann.

LINKS

www.diablog.eu

Deutsch-griechische Begegnungen. Hervorragend recherchierte Artikel über das neue Griechenland zu den Themen Literatur, Kunst, Kultur und Küche. Der Blog wird von der Neogräzistin und Markaris-Übersetzerin Michaela Prinzinger betrieben (▸ Buchtipps, S. 113) und bietet einen fundierten Blick »hinter die Kulissen«.

www.culture.gr

Die Homepage des griechischen Kulturministeriums bietet einen umfassenden Überblick über alle archäologischen Ausgrabungsstätten und Museen (mit weiterführenden Links).

www.kinderzeitmaschine.de

Mit der Comicfigur Lucy reisen Kinder virtuell zurück in die Antike und erfahren Spannendes über den Alltag der alten Griechen.

www.kosinfo.gr

Touristisch relevante Infos zu Ausflügen, Tickets, Wetter, Schiffsverbindungen und einzelnen Ortschaften auf der Insel.

www.tripinview.com

Eine Reise zu den Küsten Griechenlands – virtuell und kostenlos.

MEDIZINISCHE VERSORGUNG

KRANKENVERSICHERUNG

Es besteht in Griechenland für alle Personen ein Anspruch auf Behandlung – soweit dringend erforderlich – bei Ärzten, Zahnärzten, Krankenhäusern usw., die vom ausländischen gesetzlichen Krankenversicherungsträger zugelassen sind. Als Nachweis ist die europäische Krankenversicherungskarte (EHIC) bzw. Ersatzbescheinigung (beide Dokumente erhalten Sie von Ihrer Krankenkasse) vorzulegen. Unabhängig davon wird dringend empfohlen, für die Dauer des Aufenthalts eine Reisekrankenversicherung abzuschließen, die Risiken abdeckt, die von den gesetzlichen Kassen nicht übernommen werden (z. B. Rücktransport im Krankheitsfall, Behandlung bei Privatärzten oder in Privatkliniken).

KRANKENHAUS

In der Heimat des Hippokrates ist der Name des Vaters der Medizin allgegenwärtig. Nach ihm ist auch das staatliche Krankenhaus der Insel benannt:

Hippokrates-Krankenhaus

▶ Klappe hinten, d 4

Ippokratous 34, Kos-Stadt • Tel. 2 24 20-2 23 00

Kos Medicare ▶ Klappe hinten, d 4

Gleich gegenüber dem Krankenhaus bietet der private Träger Kos Medicare schnelle Hilfe an.

El. Venizelou 5, Kos-Stadt • Tel. 2 24 20-2 33 30 • www.kosmedicare.gr

APOTHEKEN

Apotheken (»pharmakía«) sind mit einem grünen Neonkreuz gekennzeichnet und in der Regel Mo–Fr von 9–14 und 17–20.30 Uhr geöffnet, manche auch am Samstagvormittag. Außerhalb dieser Öffnungszeiten gibt es Apotheken mit Notdienst, die durch Aushang in den Apotheken bekannt gegeben werden. Schmerzmittel wie Aspirin oder das in Griechenland üblichere Depon erhält man auch an Kiosken. Arzneimittel sind in der Regel deutlich billiger als in Mitteleuropa.

Zahlreiche Medikamente sind rezeptfrei, aber nicht alle in der Heimat

Klima (Mittelwerte)	JAN	FEB	MÄR	APR	MAI	JUN	JUL	AUG	SEP	OKT	NOV	DEZ
Tagestemperatur	14	14	16	19	24	28	31	32	28	23	19	16
Nachttemperatur	5	5	7	9	12	16	18	18	16	13	10	7
Sonnenstunden	4	5	6	8	10	11	13	11	9	7	4	3
Regentage pro Monat	13	11	9	7	5	2	1	1	5	9	12	15
Wassertemperatur	14	14	14	16	18	21	23	24	23	21	18	16

zugelassenen Medikamente sind auch in Griechenland erhältlich. Ein besonderer Impfschutz ist nicht erforderlich, bei Empfindlichkeit sollten Sie Mückenschutz im Reisegepäck mitführen.

NEBENKOSTEN

1 griechischer Kaffee	1,50 €
1 Cappuccino	2,50 €
1 Flasche Bier	2,00–3,00 €
1 Glas Cola	2,00 €
1 Schachtel Zigaretten	ab 3,00 €
1 Liter Benzin	1,90 €
1 Fahrt mit öffentlichen Verkehrsmitteln	2,00–4,00 Euro
Mietwagen/Tag	ab 35,00 €

NOTRUF

Die allgemeine Euro-Notrufnummer ist vom Festnetz und Mobilfunk 112 (Feuerwehr, Polizei, Rettungswagen).

POST

Das Porto für Postkarten nach Mitteleuropa beträgt 0,80 €, Briefe kosten 0,90 €. Viele Souvenirläden bieten als besonderen Service zum Postkartenverkauf auch Briefmarken an, so erspart man sich die Warteschlange im Postamt. Die Beförderung einer Postkarte kann auch länger als eine Woche dauern. Postämter (»ELTA«) sind Mo–Fr von 8–14.30 Uhr geöffnet. Die Briefkästen sind gelb.

REISEDOKUMENTE

Griechenland hat das Schengener Abkommen unterzeichnet, sodass Ausweise nach der Ankunft aus einem anderen Schengen-Mitgliedsstaat normalerweise nicht mehr kontrolliert werden. Dennoch besteht Ausweispflicht. Deutsche, Österreicher und Schweizer müssen mit einem nach Einreise noch drei Monate gültigen Reisepass bzw. Personalausweis (Identitätskarte) nach Griechenland einreisen. Kindereinträge im Reisepass eines Elternteils sind nicht mehr gültig. Jedes Kind benötigt ein eigenes Ausweisdokument.

REISEKNIGGE

Die griechische **Gastfreundschaft** ist berühmt. Unter Freunden wird die Rechnung auch in Zeiten der Krise nicht geteilt. Einladungen zu verweigern gilt als Beleidigung, aber sie sollten auch erwidert werden.

Griechen lieben die **Kommunikation**. Zwei, drei griechische Wörter sind oft das Sesam-öffne-Dich zu den Herzen der Menschen, der Rest läuft über Gestik oder Englisch. Gewöhnen Sie sich daran zuzuhören, und stellen Sie keine kategorischen Vergleiche an. In der (griechischen) Politik sollten Sie sich entweder sehr gut auskennen oder das Thema lieber vermeiden.

AM STRAND

Nacktbaden ist nur an speziellen FKK-Stränden erlaubt. Oben-ohne wird bei Touristinnen vielerorts toleriert, aber die Griechin lässt auch oben die Hüllen an.

KIRCHEN UND KLÖSTER

Gäste sind in Kirchen und Klöstern in korrekter Kleidung stets willkommen. Verhalten Sie sich zurückhaltend, verzichten Sie im Gotteshaus auf das Fotografieren. Keiner erwartet, dass Sie die griechischen Sitten (wie das Küssen der Ikonen) imitieren, im Gegenteil! Die Hände sollten Sie nicht hinter dem Rücken ver-

ST. PETERSBURG
BARCELONA
MÜNCHEN
KÖLN
RIO DE JANEIRO
HAMBURG
LISSABON
MADRID
BERLIN
NEW YORK
FLORENZ
DRESDEN
Erlesene Ziele
Auf den Spuren berühmter Persönlichkeiten
ZÜRICH
STOCKHOLM
SAN FRANCISCO
DUBLIN
PARIS
PRAG
WIEN
LONDON
AMSTERDAM
VENEDIG
MAILAND
ROM
MERIAN
Die Lust am Reisen

schränken oder in Taschen stecken. Hinter die Ikonostase tritt in orthodoxen Kirchen nur der Priester.

NEUGIER

Griechen sind neugierig und kommunikativ und stellen schnell persönliche Fragen. Der Familienstand und die Herkunft sind dabei viel wichtiger als der Beruf. Fragen nach dem Gehalt sind völlig normal.

POLITIK

Die Griechenland-Krise ist in aller Munde, doch stößt es schnell auf, wenn der Eindruck erweckt wird, man kenne sich im griechischen Steuerrecht besser aus als im eigenen. Hören Sie zu und signalisieren Sie Interesse, ohne bevormundend zu wirken.

PÜNKTLICHKEIT

Das Zeitgefühl ist in Griechenland sehr unterschiedlich. Lassen Sie es ruhig angehen, Sie sind im Urlaub! Dazu gehört auch, dass Sie Zeitangaben nicht so genau nehmen.

REISEZEIT

Auf den Dodekanes-Inseln herrscht ein Mittelmeerklima mit starken jahreszeitlichen Schwankungen. Die schönste Reisezeit für Kos sind die Monate Juni und September. Dann ist es warm, aber nicht unerträglich heiß und nicht so überfüllt. In den trockenheißen Sommermonaten ist die Waldbrandgefahr besonders hoch, seien Sie vorsichtig und werfen Sie keine glimmenden Zigaretten auf den Boden. Wanderer werden sich im April und Mai am Blütenteppich erfreuen. Der Winter ist viel milder als in Mitteleuropa, aber Wohnungen, Restaurants und Hotels sind häufig schlecht geheizt oder ganz geschlossen. Die Regenperiode setzt meist im Oktober mit plötzlichen, starken Regengüssen ein.

SIESTA

Im Sommer wird aus klimatischen Gründen wo immer möglich eine Mittagspause eingehalten. Besonders die Kinder werden mittags schlafen gelegt – abends sind sie wieder fit und dürfen dann lange aufbleiben.

SPRACHE

Landessprache ist Griechisch, aber mit passablen Englischkenntnissen kann man sich überall gut verständigen. Viele Griechen haben im Ausland gelebt, sei es während der Militärjunta (die älteren), als Gastarbeiter oder als Studierende. Orts- und Straßenschilder weisen fast immer eine Umschrift in lateinischen Buchstaben auf. Altgriechischkenntnisse sind für das Lesen von Schildern hilfreich, dienen aber nicht der Kommunikation. Allerdings sind die Griechen sehr stolz, dass sie seit Homers Zeiten dieselben Wörte für Meer (»thálassa«), Himmel (»ouranós«) und Sonne (»ílios«) verwenden.

Für diesen Reiseführer wurde nicht die international normierte Umschrift aus dem Griechischen gewählt, sondern eine, die deutschsprachigen Reisenden die richtige Aussprache griechischer Wörter erleichtert. Ausnahmen sind Eigennamen, also Hippókrates und nicht (wie im Griechischen »Hippokrátis«). Der Akzent zeigt die betonte Silbe an.

Für die Verständlichkeit ist die korrekte Betonung meist wichtiger als die richtige Aussprache. Als Faustregel gilt, dass alle Silben kurz und die Vokallaute offen ausgesprochen werden. Zwei, drei Wörter der Begrüßung in der Landessprache öffnen die Herzen der Menschen.

STROMSPANNUNG

Die elektrische Spannung beträgt 220 Volt Wechselstrom. Ein Adapter ist nicht nötig.

STUDIERENDE

Studierende der EU sollten sich bei ihrer jeweiligen Mutterhochschule einen Internationalen Studentenausweis (ISIC) ausstellen lassen. Der Ausweis gilt jeweils ab Herbst bis Ende Dezember des Folgejahres und berechtigt zu freiem Eintritt in allen staatlichen Ausgrabungsstätten und Museen in Griechenland.

TELEFON

VORWAHLEN

D, A, CH ▸ Griechenland 00 30
Griechenland ▸ D 00 49
Griechenland ▸ A 00 43
Griechenland ▸ CH 00 41

Anschließend für Griechenland die zehnstellige Teilnehmerrufnummer wählen, für deutschsprachige Länder die Vorwahl der gewünschten Stadt ohne Null wählen.

Die Mobilfunk-Versorgung ist überall gut, sogar in abgelegenen Regio nen. Nach Ankunft in Griechenland wählt sich das Handy automatisch in das jeweilige Roaming-Partnernetz ein. Spezifische Einstellungen und Preise erfahren Sie bei Ihrem Netzanbieter. Innerhalb Griechenlands müssen die Vorwahlen grundsätzlich mitgewählt werden, beispielsweise 2 24 20 für Kos, Níssyros und Pserimos.

TIERE

Für den Transport von weniger als fünf Hunden und Katzen ist ein EU-Heimtierausweis (den blauen Pet-Pass stellen Tierärzte aus) mit dem Nachweis einer Tollwut-Impfung erforderlich. Das Tier muss durch einen Mikrochip identifizierbar sein.

TRINKGELD

Die Höhe des Trinkgelds ist Ausdruck für die Zufriedenheit mit der Dienstleistung und liegt im Ermessen des Gastes. Ein Trinkgeld unter 0,50 € im Restaurant wird auch in Griechenland als beleidigend empfunden.

TOILETTEN

Griech. »toualetta«, man kann auch nach dem »banio« fragen. Männer = »Andrón«, Frauen = »Gynaikón«. Toilettenpapier wird im Allgemeinen zusammengefaltet und nicht ins WC, sondern in einen Papierkorb geworfen, der in jeder Toilette bereitsteht. Toilettenpapier verstopft das marode griechische Abwassersystem.

VERKEHR

Wer keinen Pkw mieten möchte, kann die Insel gut mit öffentlichen Verkehrsmitteln erkunden: Abgesehen von einigen Buchten, sind alle Orte mit den Überlandbussen der Gesellschaft KTEL erreichbar. Eine Ausnahme bildet die Kéfalos-Halbinsel, für deren Erkundung ein Mietwagen oder -roller erforderlich ist. Die Fahrpläne sind unter www.ktel-kos.gr abrufbar. Ein Einzelticket kostet je nach Entfernung zwischen 2 und 4,40 €. Tickets sind grundsätzlich im Bus zu lösen.

ZEITUNGEN UND ZEITSCHRIFTEN

Die einzige deutschsprachige Zeitung in Griechenland ist die wöchentlich in Athen erscheinende »Griechenland-Zeitung«, die im ganzen Land an gut bestückten Kiosken erhältlich ist.
www.griechenland.net
Die an Kiosken erhältliche Wochenzeitung »Athens News« informiert sehr umfassend auf Englisch über Politik und Gesellschaft in Griechenland.
www.athensnews.gr
Die ausgezeichnete griechische Tageszeitung »Kathimerini« verfügt auch über eine englischsprachige Website. Chefredakteur Nikos Konstantaras schreibt wöchentlich für die internationale Ausgabe der »New York Times«.
www.ekathimerini.com

ZEITVERSCHIEBUNG

In Griechenland gilt die Osteuropäische Zeit (MEZ +1 Std.). Wie im übrigen Kontinentaleuropa wird die Uhr im März 1 Std. vorgestellt.

ZOLL

In Griechenland werden Erwerb, Besitz, Verteilung sowie Ein- und Ausfuhr von Rauschgiften, auch kleiner Mengen für den persönlichen Bedarf, hart bestraft. Führen Sie keine Verteidigungssprays mit (auch nicht solche, die in der Heimat frei verkäuflich sind). Ihr Besitz und Gebrauch ist in Griechenland verboten und wird strafrechtlich verfolgt. Gleiches gilt für Waffen jeder Art, insbesondere auch für große Messer, Schwerter, Säbel etc.
Auch auf den unerlaubten Besitz archäologischer Gegenstände und den Versuch ihrer Ausfuhr drohen hohe Strafen. Der Erwerb und die Ausfuhr von Antiquitäten sind nur mit einer Genehmigung des Kulturministeriums zulässig.
Nehmen Sie auf keinen Fall Steine von archäologischen Stätten mit.

ENTFERNUNGEN (IN KM) ZWISCHEN WICHTIGEN ORTEN

	Andimáchia	Asklepieíon	Embrós-Thermen	Kardámena	Kéfalos	Kos-Stadt	Marmári	Mastichári	Pilí	Platáni
Andimáchia	–	26	37	8	18	25	11	5	12	24
Asklepieíon	26	–	16	23	44	4	18	24	14	2
Embrós-Thermen	37	16	–	44	55	12	29	34	28	14
Kardámena	8	23	44	–	25	32	19	12	9	25
Kéfalos	18	44	55	25	–	43	29	23	29	42
Kos-Stadt	25	4	12	32	43	–	16	22	16	2
Marmári	11	18	29	19	29	16	–	10	5	16
Mastichári	5	24	34	12	23	22	10	–	11	23
Pilí	12	14	28	9	29	16	5	11	–	16
Platáni	24	2	14	25	42	2	16	23	16	–

Orts- und Sachregister

Wird ein Begriff mehrfach aufgeführt, verweist die **halbfett** gedruckte Zahl auf die Hauptnennung. Abkürzungen: Hotel [H], Restaurant [R]

Liebe Leserinnen und Leser,
vielen Dank, dass Sie sich für einen Titel aus unserer Reihe MERIAN *live!* entschieden haben. Wir freuen uns, Ihre Meinung zu diesem Reiseführer zu erfahren. Bitte schreiben Sie uns an merian-live@travel-house-media.de, wenn Sie Berichtigungen und Ergänzungen haben – und natürlich auch, wenn Ihnen etwas ganz besonders gefällt.
Alle Angaben in diesem Reiseführer sind gewissenhaft geprüft. Preise, Öffnungszeiten usw. können sich aber schnell ändern. Für eventuelle Fehler übernimmt der Verlag keine Haftung.

1. Auflage

BEI INTERESSE AN DIGITALEN DATEN AUS DER MERIAN-KARTOGRAPHIE:
kartographie@travel-house-media.de

BEI INTERESSE AN MASSGESCHNEIDERTEN MERIAN-PRODUKTEN:
Tel. 0 89/4 50 00 99 12
veronica.reisenegger@travel-house-media.de

BEI INTERESSE AN ANZEIGEN:
KV Kommunalverlag GmbH & Co KG
Tel. 0 89/9 28 09 60
info@kommunal-verlag.de

TRAVEL HOUSE MEDIA

Ein Unternehmen der
GANSKE VERLAGSGRUPPE

TRAVEL HOUSE MEDIA
Postfach 86 03 66
81630 München
merian-live@travel-house-media.de
www.merian.de

VERLAGSLEITUNG
Dr. Malva Kemnitz
REDAKTION
Sylvia Hasselbach
LEKTORAT UND SATZ
bookwise, München
BILDREDAKTION
Dr. Nafsika Mylona
HERSTELLUNG
Gloria Schlayer, Bettina Häfele
REIHENGESTALTUNG
La Voilà, Marion Blomeyer & Alexandra Rusitschka, München und Leipzig (Coverkonzept, Ergänzungen Innenteil)
Independent Medien Design, Horst Moser, München (Innenteil)
KARTEN
Kunth Verlag GmbH & Co. KG für MERIAN-Kartographie
DRUCK UND BINDUNG
Firmengruppe APPL, aprinta druck, Wemding

PEFC
PEFC/04-32-0928

BILDNACHWEIS
Titelbild (Hafen von Kardamena): laif: T. Gerber
alamy: F1online digitale Bildagentur GmbH 77 • Avenue Images: Peter Erik Forsberg/agefotostock 40 • awl-images: K, Scicluna/John Warburton-Lee Photography Ltd 20/21 • Bildagentur Huber: R.Schmid 42 • Bus Stop Gallery 78 • Corbis: J. Wlodarczyk/age fotostock Spain S.L. 93 • C. Drazos 22, 60 • F1online: A. Weber 81 • fotolia.com: A. Chubykin 19, Fotomicar 74, Fyle 97, jovannig 86, konstan 85, M. Krzyzak 101, M. Lohrbach 17, Pixi 110l, sborisov 38/39, stockbksts 13 • gemeinfrei 110r, 111l • GlowImages 2, 54, imagebroker.com 48, 99 • Hippocrates Garden/George Papapostolou 63 • imago: Geisser 67 • JAHRESZEITEN VERLAG: K. Bossemeyer 15, D. Schmid 105 • laif: Fabre/Le Figaro Magazine 24, T. Gerber 30, 57, 70, 94/95, 102, IML IMAGE GROUP LTD 106/107, 108 • LOOK-foto: I. Pompe 16, 28 • S. Malt 91 • mauritius images: alamy 4, 9, 11, 18, 27, 33, 34, 45, 47, 51, 68, 73, 88, M. Habel 58 • Neptune Hotels Resort & Spa 65 • Schapowalow: Huber 82 • Shutterstock: G. Blakeley 111r, Shaiith 26, waldru 36